中国高铁动车组巡览

罗春晓　著

中国铁道出版社有限公司
CHINA RAILWAY PUBLISHING HOUSE CO., LTD.

图书在版编目（CIP）数据

中国高铁动车组巡览 / 罗春晓著. — 北京 : 中国铁道出版社有限公司，2022.9（2025.1 重印）
ISBN 978-7-113-29267-6

Ⅰ. ①中… Ⅱ. ①罗… Ⅲ. ①高速动车 - 教材 Ⅳ. ① U266

中国版本图书馆 CIP 数据核字（2022）第 099290 号

书　　名：中国高铁动车组巡览
ZHONGGUO GAOTIE DONGCHEZU XUNLAN
作　　者：罗春晓

责任编辑：许士杰　　编辑部电话：（010）51873204　　电子邮箱：syxu99@163.com
出品策划：罗春晓　罗一童
特约编辑：吕　彪
装帧设计：罗一童　崔丽芳
责任校对：孙　玫
责任印制：赵星辰

出版发行：中国铁道出版社有限公司（100054，北京市西城区右安门西街 8 号）
网　　址：https://www.tdpress.com
印　　刷：北京盛通印刷股份有限公司
版　　次：2022 年 9 月第 1 版　2025 年 1 月第 7 次印刷
开　　本：889 mm×1 194 mm　1/16　印张：7　插页：1　字数：228 千
书　　号：ISBN 978-7-113-29267-6
审 图 号：GS 京（2022）0791 号
定　　价：68.00 元

前　言

从中国首条设计时速 350 公里的高速铁路京津城际铁路通车到现在，中国高铁实现了从追赶到并跑，再到领跑的历史性变化。党的十八大以来，中国高铁发展进入快车道，运营里程快速攀升：2013 年突破 1 万公里，2016 年突破 2 万公里，2019 年突破 3 万公里。截至 2021 年底，中国高铁运营里程突破 4 万公里，可绕地球赤道一圈，稳居世界第一，“四纵四横”高铁网提前建成，“八纵八横”高铁网加密成型。与此同时，中国高铁技术水平飞速提升，形成了涵盖高铁工程建设、装备制造、运营管理三大领域的成套高铁技术体系，总体进入世界先进行列。

根据国民经济和社会发展第十四个五年规划和 2035 年远景目标纲要，到 2025 年，全国铁路运营里程将达到 17 万公里左右，其中高铁 5 万公里。届时，这张世界上最现代化的铁路网和最发达的高铁网将以更加闪亮的形象改变中国、影响世界。

中国的高速列车也随着高铁的延伸而快速发展。截至 2021 年底，中国铁路已拥有动力分散动车组 3384 列，折合标准组（以 8 辆编组为一个标准组）3919.125 组。从最初引进的时速 200~250 公里级和谐号动车组，到全面采用“中国标准”的复兴号动车组，中国的高速动车组快速发展，各种新型号层出不穷。截至 2022 年 5 月，中国铁路共配属动力分散动车组 52 款，其中载客动车组 45 款，综合检测列车 7 款。2019 年后，由传统机车车辆模式升级而来的复兴号 CR200J 型动力集中动车组进一步丰富了中国动车组大家庭的品类，让复兴号品牌更加充实。

作为一本以图鉴形式介绍中国动车组的入门级科普画册，本书以车型为区分，全面梳理了现已投入运用的复兴号系列动车组、和谐号系列动车组、城际动车组和高速综合检测列车的基本概况和技术特征，力求以简单直观的方式呈现各型动车间的差异和特色。同时，本书还首次介绍了国内多款尚未投入运用的试验及试制动车组，可由此一览中国高速动车组的科研前沿与技术储备。对于磁浮高速列车、中国香港及台湾地区的高速列车也予以全面收录。

值得一提的是，中国高铁在取得长足发展的同时，还将高速列车体系延伸至既有线列车和城际市域列车，构建起了产品丰富、使用范围宽广的技术体系。因此，除时速 200 公里及以上高速动车组外，本书亦收录了复兴号 CR200J 型动力集中动车组、长城号内燃动车组、CRH6F 等时速 160 公里动车组车型，以向大家更加系统地展示中国动车组的车型谱系和运用场景，更加全面地解读中国动车组的技术脉络和发展历程。在此原则下，本书共收录载客动车组 48 款（含动力集中动车组 3 款）、综合检测列车 7 款、试验及试制动车组 8 款、中国香港特别行政区和台湾地区高速动车组 2 款、高速磁浮列车 2 款，共计 67 款，覆盖中国高铁所有运用动车组车型。对于部分车型的改进子车型和特别涂装列车也进行了单独介绍与解读。

由于涉及车型众多，各种技术细节繁杂，整理撰写过程中难免出现错误与遗漏，敬请各位读者的批评与指正。

罗春晓

2022 年 7 月 1 日

和谐
CRH
ZE 212901
CRH2-129E

怀密号

和谐号
和谐号
CRH

和谐号
CRH
和谐号

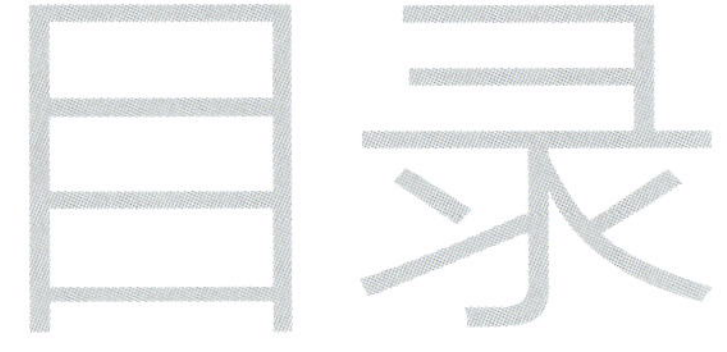

目录

复兴号系列动车组 2

和谐号系列动车组 26

复兴号系列动车组

2017 年 6 月 25 日，中国高铁“复兴号”品牌正式亮相。经过多年发展，现已形成覆盖时速 350、250 和 160 公里不同速度等级，包含动力分散与动力集中不同技术路线的复兴号系列动车组，技术体系完善成熟，运行覆盖范围广，服务产品多样，是中国高铁最具象征意义的品牌和名片！

CR400AF 型动车组

复兴号 CR400AF 型动车组是复兴号动车组的代表车型之一，采用 4 动 4 拖 8 辆编组，最高运营速度 350km/h。列车涂装以中国龙为创意，在银灰底色基础上配以红色腰线，极富视觉冲击力，有着“红神龙”的美誉。

2017 年 9 月 21 日，CR400AF 与 CR400BF 执行的标杆列车率先在京沪高铁恢复 350km/h 速度运营，共同成为目前世界上商业运行速度最高的轮轨高速列车，“复兴号”也成为中国高铁最响亮的品牌！

CR400AF 基本数据	
运营速度	350km/h
牵引功率	9750kW
列车编组	4M4T
列车定员	392~576 人

● 驾驶室

● 商务座区

CR400AF 型动车组编组示意图

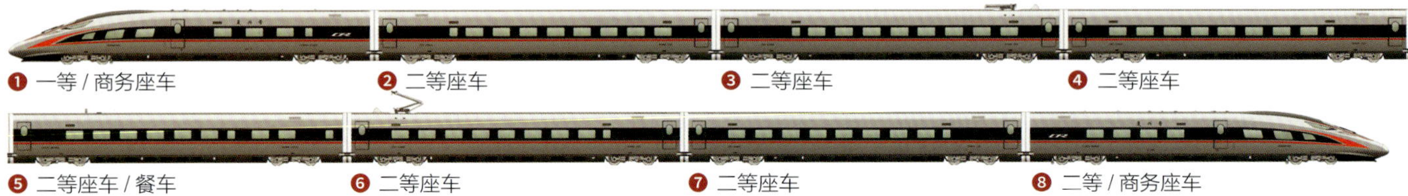

❶ 一等 / 商务座车　❷ 二等座车　❸ 二等座车　❹ 二等座车

❺ 二等座车 / 餐车　❻ 二等座车　❼ 二等座车　❽ 二等 / 商务座车

CR400AF-G 型动车组

复兴号 CR400AF-G 型动车组是在 CR400AF 基础上，通过改进车辆防寒功能衍生出的高寒动车组，可在 -40℃ 的低温环境下安全运行，其头型外观、编组形式、定员和最高运行速度等均与 CR400AF 一致。值得一提的是，CR400AF-G 也是 CR400AF 系列动车组中首批增加司机室登乘门的列车。

截至 2021 年底，CR400AF-G 共生产 3 列，全部配属北京朝阳动车所，主要用于执行京哈高铁的列车班次。

一等座车

二等座车

CR400AF-G 基本数据	
运营速度	350km/h
牵引功率	9750kW
列车编组	4M4T
列车定员	576 人

大件行李处

无障碍卫生间

餐车吧台

CR400AF-A 型动车组

复兴号 CR400AF-A 型动车组是在 CR400AF 基础上研发的 16 辆编组车型，车型代号中的“-A”表示为 CR400AF 型动车组的第一款技术改进车型。列车采用 8 动 8 拖 16 辆编组形式，相当于将两列 8 辆编组的 CR400AF 固定重联，并去掉重联端的司机室而成。由于减少了两个司机室，车内载客空间扩大，列车总定员达 1193 人。

除编组辆数和定员增加，CR400AF-A 的车体外形、涂装样式、牵引传动和信号系统等均与 CR400AF 完全相同，且最高运营速度也同为 350km/h。

CR400AF-A 基本数据	
运营速度	350km/h
牵引功率	19500kW
列车编组	8M8T
列车定员	1193 人

商务座车

一等座车

二等座车

餐车吧台

驾驶室

CR400AF-B 型动车组

由于繁忙干线高铁客流持续增加，为充分发掘运输潜力，在 CR400AF-A 基础上，又进一步开发了 17 辆编组的复兴号 CR400AF-B 型动车组。

相比于 16 辆编组的 CR400AF-A，CR400AF-B 通过在尾车前增加一辆拖车的方式，实现了 8 动 9 拖 17 辆编组形式，并利用 CR400AF-A 的冗余性能确保 350km/h 的最高运营速度不变。在增加了一辆定员 90 人的二等座车后，全车定员达 1283 人，有效提升了运输效率。

● CR400AF-B 型动车组

CR400AF-B 基本数据	
运营速度	350km/h
牵引功率	19500kW
列车编组	8M9T
列车定员	1283 人

● 车辆技术信息

CR400AF-C 型动车组

复兴号 CR400AF-C 型动车组是在 CR400AF 基础上，为京雄城际铁路专门设计的新一代智能动车组，列车采用 4 动 4 拖 8 辆编组，定员 578 人，最高运营速度 350km/h。

相比 CR400AF，CR400AF-C 外观上最大的特点在于采用了“瑞龙智行”的全新头型，搭配更富动感的涂装方案，令人耳目一新。

CR400AF-C 基本数据	
运营速度	350km/h
牵引功率	9750kW
列车编组	4M4T
列车定员	578 人

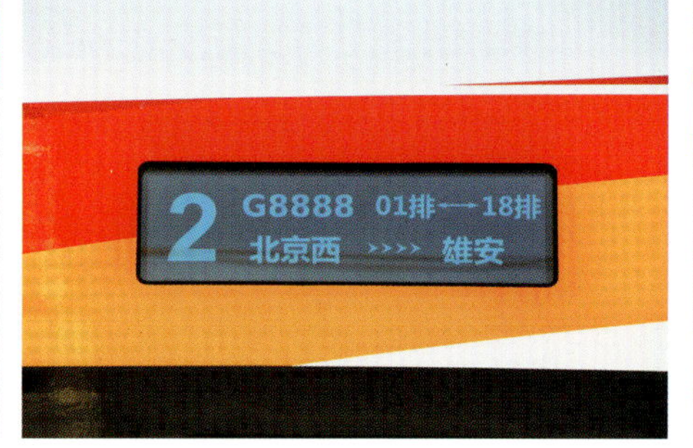

● 列车外部信息显示屏

● 转向架

CR400AF-C 型动车组编组示意图

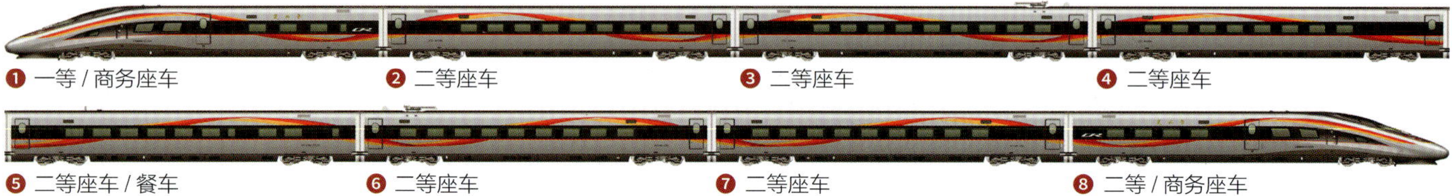

❶ 一等 / 商务座车　❷ 二等座车　❸ 二等座车　❹ 二等座车

❺ 二等座车 / 餐车　❻ 二等座车　❼ 二等座车　❽ 二等 / 商务座车

CR400AF-Z 型动车组

为了扩大智能动车组运用范围，2021 年 5 月，以 CR400AF-C 为基础研发的复兴号 CR400AF-Z 型智能配置动车组成功下线。除采用与 CR400AF-C 相同的头型和涂装方案外，还对车内布局进行了优化调整，旅行体验大幅提升。

CR400AF-Z 采用了太极造型鱼骨式布局的商务车厢和全新座椅，通过优化人体工学设计，配备智能交互终端等先进设备，营造了更高端、更私密、更舒适的商务旅行空间。

驾驶室

商务座区

CR400AF-Z 基本数据	
运营速度	350km/h
牵引功率	9750kW
列车编组	4M4T
列车定员	578 人

一等座车

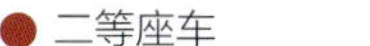
二等座车

餐车吧台

CR400AF-BZ 型动车组

复兴号 CR400AF-BZ 型智能配置动车组是 CR400AF-Z 的 17 辆长编组衍生车型，采用 8 动 9 拖的编组形式，外观头型和涂装配色与 CR400AF-Z 一脉相承，全车定员达 1285 人。

采用 17 辆超长编组设计的 CR400AF-BZ 主要用于京沪高铁等繁忙高铁干线，能够在现有车站及检修设施的硬件条件下，发挥出最大的运输能力。

CR400AF-BZ 基本数据	
运营速度	350km/h
牵引功率	19500kW
列车编组	8M9T
列车定员	1285 人

● 机械师室智能监控设备

● CR400AF-BZ 型动车组

CR400AF 系列动车组外观

CR400AF

CR400AF-G

CR400AF-C

CR400AF-Z

CR400AF-BZ

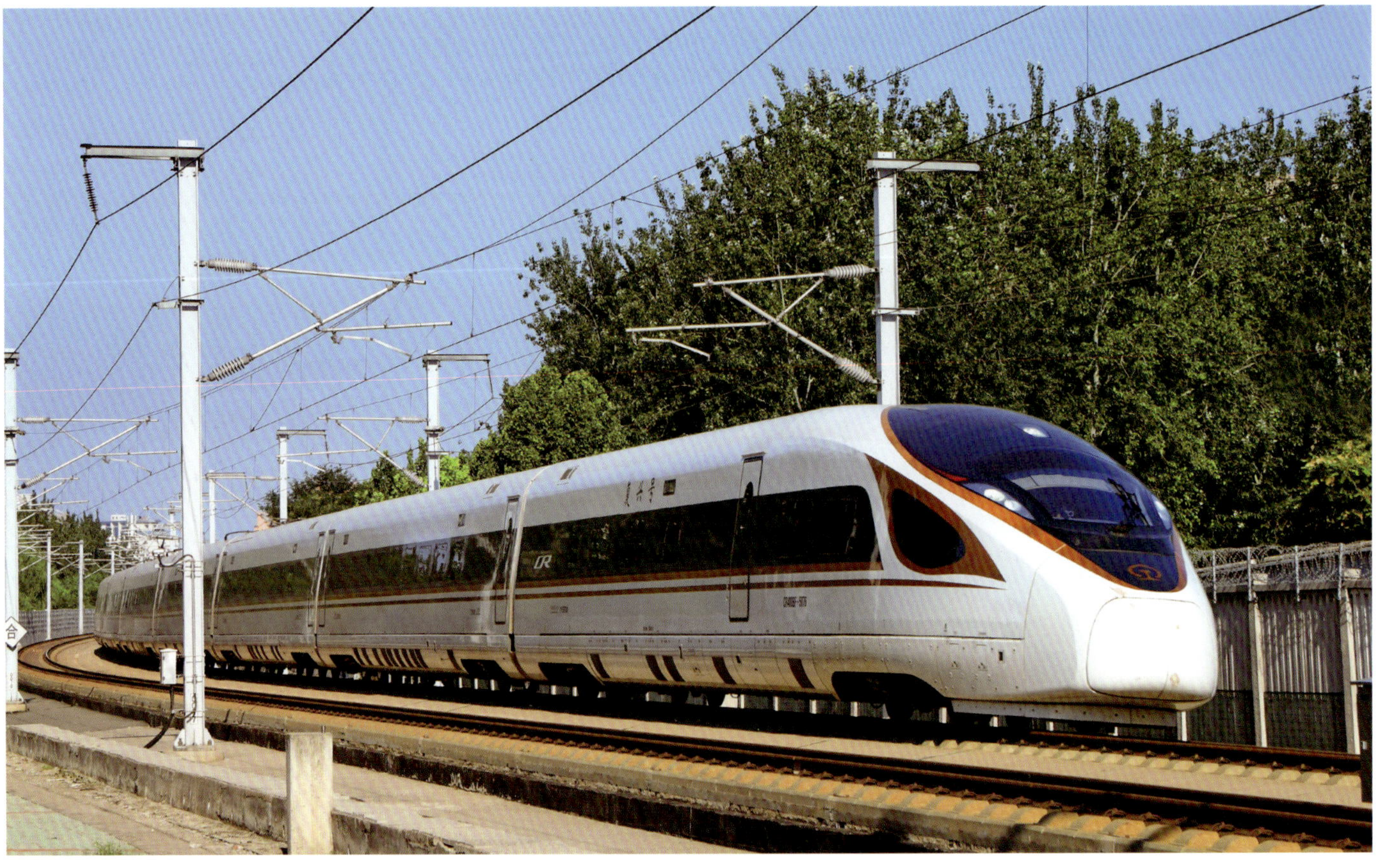

CR400BF 型动车组

复兴号 CR400BF 型动车组是复兴号动车组的另一款代表车型。4 动 4 拖 8 辆编组，576 人定员和 350km/h 最高运营速度都与 CR400AF 统一。其独特设计的“凤翎”头型和金色主题涂装，也让 CR400BF 有了“金凤凰”爱称。

2017 年 9 月 21 日，CR400BF 执行的标杆列车开始在京沪高铁按照 350km/h 速度运营，与 CR400AF 共同成为中国高铁复兴号动车组的旗舰品牌！

CR400BF 基本数据

运营速度	350km/h
牵引功率	10140kW
列车编组	4M4T
列车定员	576 人

● 驾驶室

● 商务座区

CR400BF 型动车组编组示意图

❶ 一等 / 商务座车　❷ 二等座车　❸ 二等座车　❹ 二等座车

❺ 二等座车 / 餐车　❻ 二等座车　❼ 二等座车　❽ 二等 / 商务座车

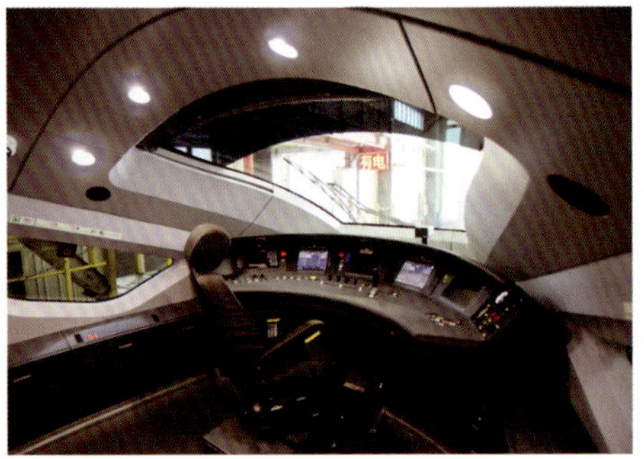

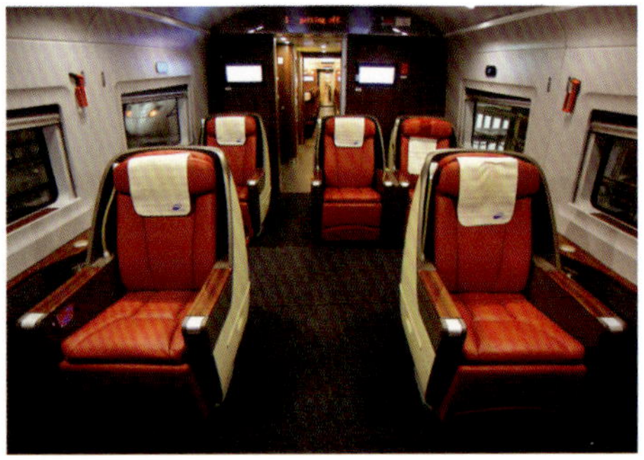

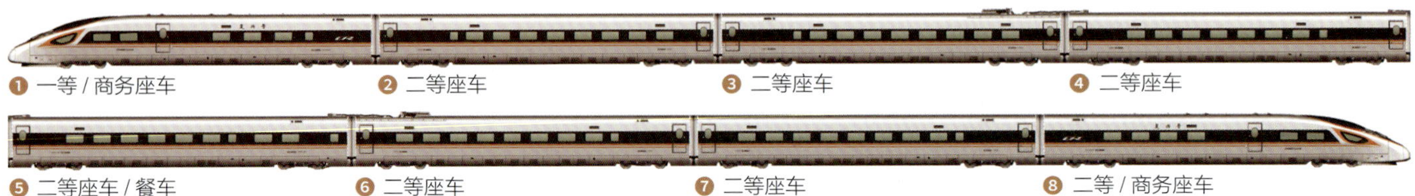

CR400BF-G 型动车组

复兴号 CR400BF-G 型动车组是由 CR400BF 衍生出的高寒型号，通过对车辆设备进行防雪保暖等处理，能够适应北方地区冬季的风雪天气和最低 -40℃的严寒环境，是京哈高铁和京张高铁上的主力车型。

除了防雪保暖处理外，CR400BF-G 的总体技术、车内布局和定员都与 CR400BF 相同，以方便日常运用管理和维护保养作业。

一等座车

二等座车

CR400BF-G 基本数据	
运营速度	350km/h
牵引功率	10140kW
列车编组	4M4T
列车定员	576 人

无障碍卫生间

餐车吧台

餐车厨房

CR400BF-A 型动车组

复兴号 CR400BF-A 型动车组是 CR400BF 的 16 辆编组衍生车型，采用 8 动 8 拖的编组形式。除编组增加外，350km/h 的最高运营速度、车体外形、涂装配色等均保持不变。

CR400BF-A 全列定员 1193 人，其车厢分布、座椅排布等均与同为 16 辆编组的 CR400AF-A 完全相同，仅在内饰装潢设计上有所区别，实现了统型设计，方便日常运用管理。

CR400BF-A 型动车组

CR400BF-A 基本数据	
运营速度	350km/h
牵引功率	20280kW
列车编组	8M8T
列车定员	1193 人

商务座车

CR400BF-B 型动车组

复兴号 CR400BF-B 型动车组是 CR400BF 的超长编组衍生车型，采用 8 动 9 拖 17 辆编组，定员 1283 人，最高运营速度 350km/h。

与同为 17 辆编组的 CR400AF-B 相似，CR400BF-B 也依靠在 16 辆编组列车基础上增加一节拖车，利用冗余性能实现扩编扩能，全车定员达 1283 人，在繁忙的京沪高铁上充分发掘运输潜能。

CR400BF-B 基本数据	
运营速度	350km/h
牵引功率	20280kW
列车编组	8M9T
列车定员	1283 人

439.9m 350km/h

安全锤链

车辆技术信息

CR400BF-B 型动车组

CR400BF-C 型动车组

复兴号 CR400BF-C 型动车组是为京张高铁量身打造的高速动车组，也是中国第一款智能动车组，在智能行车、智能服务和智能运维等方面实现了全新突破，是全球首款可实现 350km/h 速度等级自动驾驶的高速动车组车型。

CR400BF-C 除了采用成熟耐高寒技术，可适应 -40℃运用环境外，还增加了动力电池系统，可让列车在发生供电故障时，以 30km/h 速度走行 20km，具备在京张高铁任何区间发生供电故障时应急走行至就近车站的能力。

● 驾驶室

● 商务座区

CR400BF-C 基本数据	
运营速度	350km/h
牵引功率	10140kW
列车编组	4M4T
列车定员	561~576 人

CR400BF-C 型动车组编组示意图

❶ 一等 / 商务座车　❷ 二等座车　❸ 二等座车　❹ 二等座车

❺ 二等座车 / 餐车　❻ 二等座车　❼ 二等座车　❽ 二等 / 商务座车

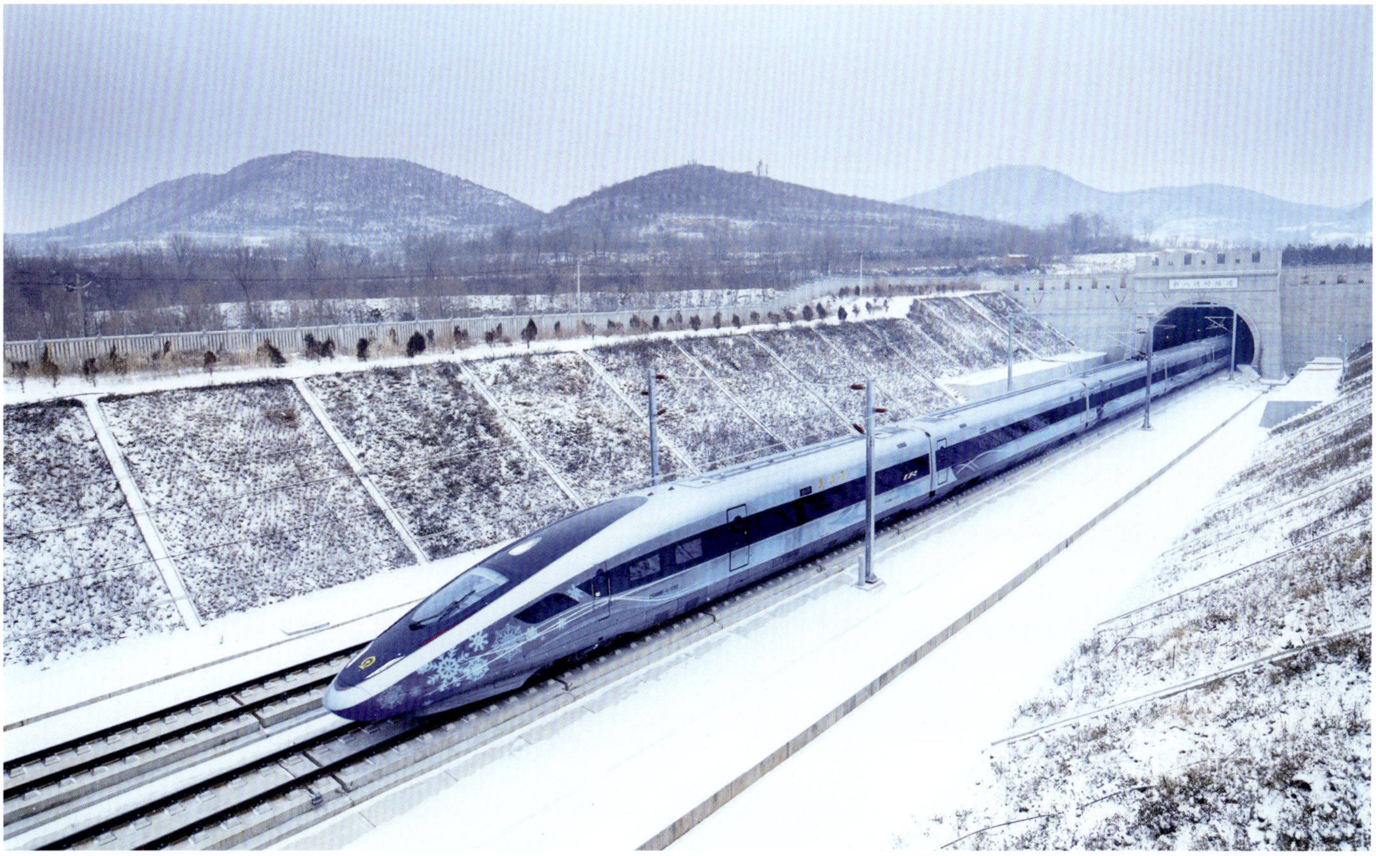

CR400BF-C“瑞雪迎春”动车组

为配合北京冬奥会顺利召开，部分 CR400BF-C 型动车组进行了专门设计，设置了多功能车厢和配套的媒体席位，为张家口赛区提供了便捷的交通服务和赛事保障。

值得一提的是，在冬奥会期间，CR400BF-C-5162 以“瑞雪迎春”彩绘涂装惊艳亮相，依托 5G 网络打造的超高清移动演播室，实现了世界上首次高速列车的移动直播，成为运动场外引人注目的闪耀明星。

CR400BF-C“瑞雪迎春”动车组编组示意图

❶ 一等 / 商务座车　❷ 二等座车　❸ 二等座车　❹ 二等座车

❺ 多功能车　❻ 二等座车　❼ 二等座车　❽ 二等 / 商务座车

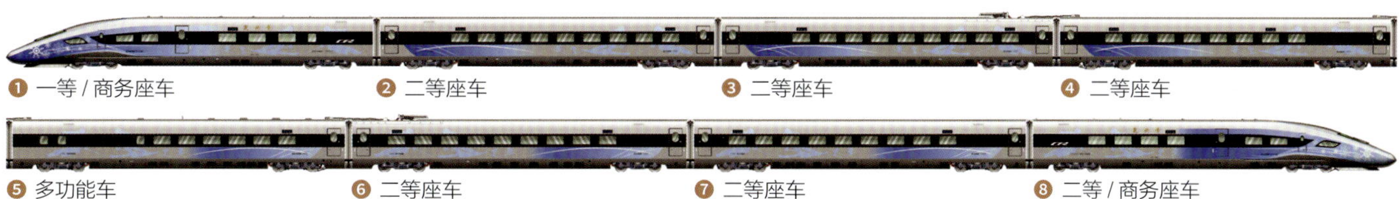

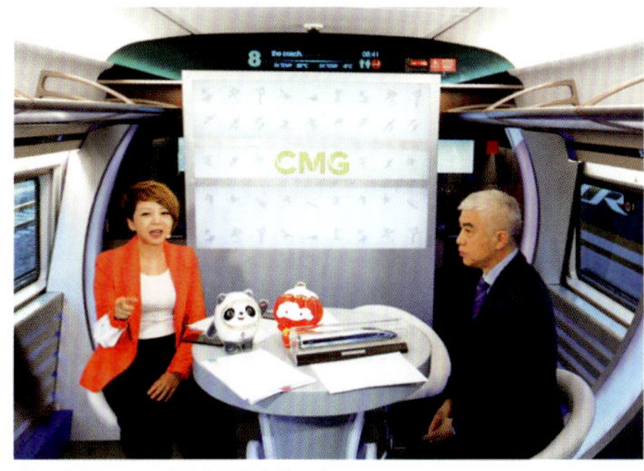

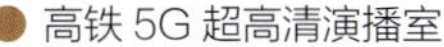

● 高铁 5G 超高清演播室

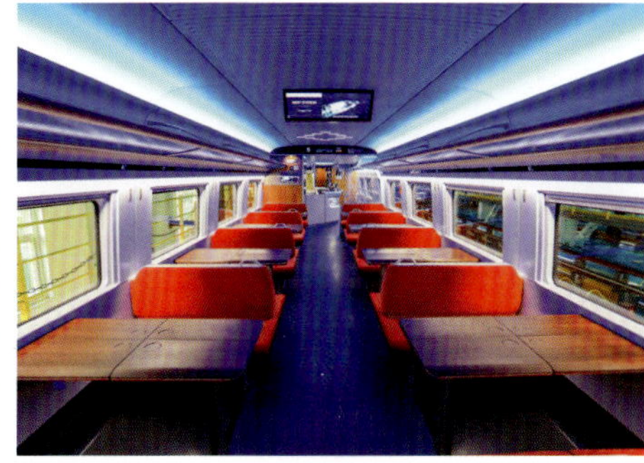

● 多功能车

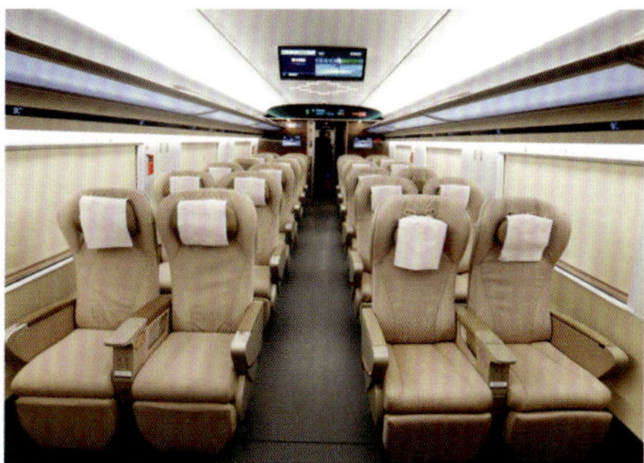

● 一等座车

CR400BF-Z 型动车组

复兴号 CR400BF-Z 型动车组是在 CR400BF-C 基础上研发生产的智能配置动车组，采用 4 动 4 拖 8 辆编组，最高运营速度 350km/h。列车采用了与 CR400BF-C 相同的“鹰隼”头型，全新的“龙凤呈祥”主题涂装和金色“复兴号”车身标识则让人耳目一新。

除围绕旅客的智能服务外，CR400BF-Z 在列车智能运维方面也进行了多项升级。各项新技术、新设备对列车运行的安全监控和日常维修提供可视化支持，可有效提升司乘人员的工作效率。

CR400BF-Z 基本数据	
运营速度	350km/h
牵引功率	10140kW
列车编组	4M4T
列车定员	578 人

● 餐车吧台

● 商务座区

CR400BF-Z 型动车组编组示意图

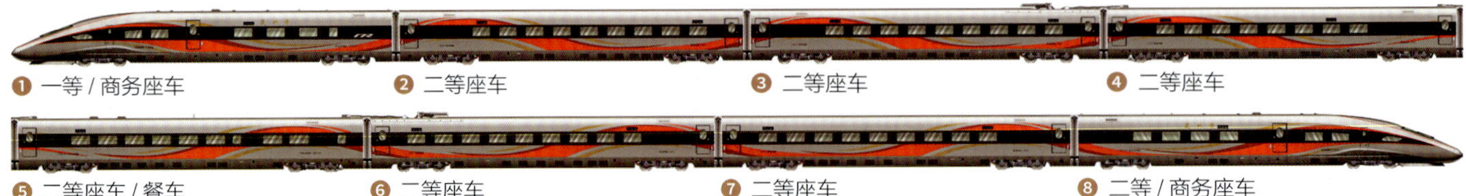

❶ 一等 / 商务座车　❷ 二等座车　❸ 二等座车　❹ 二等座车

❺ 二等座车 / 餐车　❻ 二等座车　❼ 二等座车　❽ 二等 / 商务座车

CR400BF-GZ 型动车组

复兴号 CR400BF-GZ 型智能配置高寒动车组是在 CR400BF-Z 的基础上，通过加强防寒防冰雪功能而来的衍生车型。其车辆编组、动力配置、车辆外观和 578 人定员等都与 CR400BF-Z 别无二致。

CR400BF-GZ 采用耐低温材料和设备，各种管路也增加了防寒伴热功能，可抵御 -40℃极寒低温。同时，列车特有的清洁制动功能，能够保证极寒风雪天气下动车组的有效可靠制动。目前，CR400BF-GZ 是执行北京到东北方向省会直达标杆列车的主力车型。

● CR400BF-GZ 型动车组

CR400BF-GZ 基本数据	
运营速度	350km/h
牵引功率	10140kW
列车编组	4M4T
列车定员	578 人

● CR400BF-GZ 车组号标识

CR400BF-BZ 型动车组

复兴号 CR400BF-BZ 型智能配置动车组是 CR400BF-Z 的 17 辆长编组衍生车型，采用 8 动 9 拖的编组形式，定员 1285 人，总长 442.1m，是目前世界上单组长度最长的高速列车。

CR400BF-BZ 除采用全新升级的交错布置新型包间式商务座椅外，一等座车和二等座车的座椅也都进行了优化设计。目前 CR400BF-BZ 与 CR400AF-BZ 共同执行京沪高铁标杆列车，是繁忙京沪高铁上的明星。

CR400BF-BZ 基本数据	
运营速度	350km/h
牵引功率	20280kW
列车编组	8M9T
列车定员	1285 人

驾驶室

安装在座椅靠背后方的 USB 充电口

一等座车

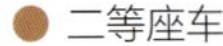

二等座车

CR400BF-AZ 型动车组

复兴号 CR400BF-AZ 型动车组是 CR400BF-Z 的 16 辆编组衍生车型，采用 8 动 8 拖的编组形式。CR400BF-AZ 承袭了 CR400BF-Z 的车体头型、涂装配色方案等设计，最高运营速度等技术指标也别无二致。

CR400BF-AZ 全车定员为 1195 人，其中独立的商务座车定员为 24 人，另有定员 148 人的一等座，定员 1023 人的二等座。

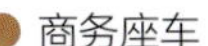

商务座车

餐车吧台

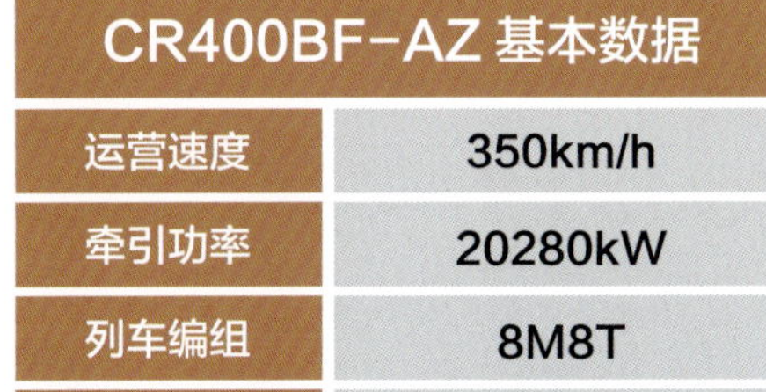

CR400BF-AZ 基本数据	
运营速度	350km/h
牵引功率	20280kW
列车编组	8M8T
列车定员	1195 人

CR400BF-AZ 车组号

车辆技术信息

监控室

CR300AF 型动车组

复兴号 CR300AF 型动车组是在 CR400AF 成熟技术基础上，研发生产的时速 250 公里级复兴号动车组，也是我国高速列车研发过程中由高速度等级向低速度等级反向研发的成功案例。

CR300AF 采用 4 动 4 拖 8 辆编组，定员 613 人，最高运营速度 250km/h。列车涂装采用了类似 CR400AF 型动车组的红色色带，底色则改为天青蓝色。同时采用全新设计的头型，车鼻长度较 CR400AF 有所缩短。

CR300AF 基本数据	
运营速度	250km/h
牵引功率	5460kW
列车编组	4M4T
列车定员	613 人

● 转向架

● CR300AF 与 CR300BF 重联

CR300AF 型动车组编组示意图

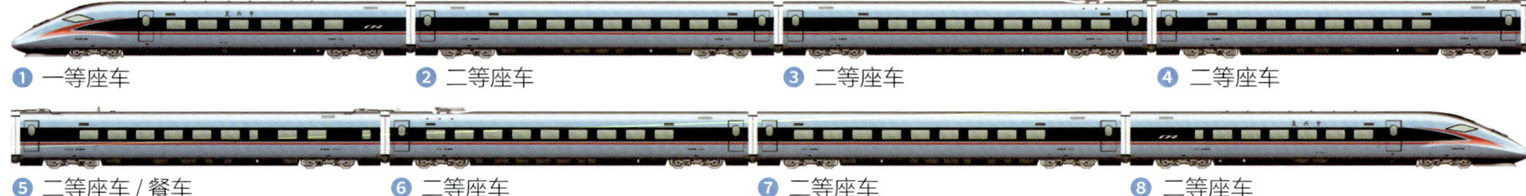

❶ 一等座车　❷ 二等座车　❸ 二等座车　❹ 二等座车

❺ 二等座车 / 餐车　❻ 二等座车　❼ 二等座车　❽ 二等座车

CR300BF 型动车组

复兴号 CR300BF 型动车组是基于 CR400BF 研发生产的时速 250 公里级复兴号动车组，采用 4 动 4 拖 8 辆编组，最高运营速度 250km/h。列车采用定员 613 人的时速 250 公里级动车组统型布局，方便实际运用中灵活调配。

CR300 系列复兴号动车组采用了许多互联互通的标准化设计。CR300BF 与 CR300AF 可以实现同速度等级跨型号重联运行，并具备与 CR400 系列复兴号动车组跨型号相互救援的能力。

CR300BF 型动车组编组示意图

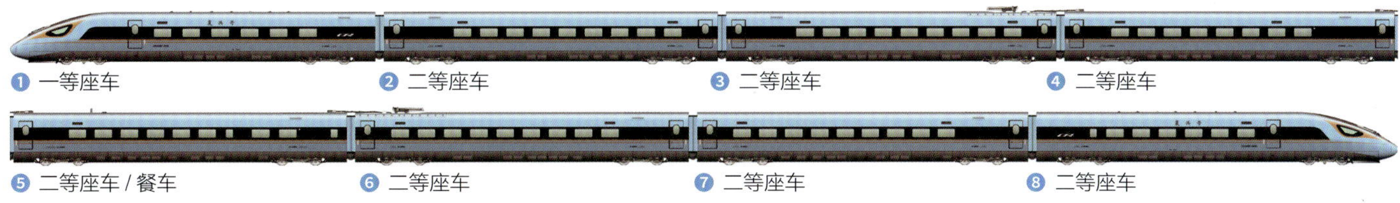

❶ 一等座车　❷ 二等座车　❸ 二等座车　❹ 二等座车
❺ 二等座车 / 餐车　❻ 二等座车　❼ 二等座车　❽ 二等座车

驾驶室

一等座车

CR300BF 基本数据	
运营速度	250km/h
牵引功率	5460kW
列车编组	4M4T
列车定员	613 人

CR200J 型动力集中动车组

复兴号 CR200J 型动力集中动车组是中国铁路在传统机车 + 车辆技术基础上整合研发的动力集中式动车组，设计最高运营速度 160km/h，共有 1 动 8 拖 9 辆短编组和 2 动 16 拖 18 辆长编组两种编组形式。其中短编组为全列座车，长编组以卧车为主，辅以座车，可适应不同环境运输需求。

CR200J 继承了传统机车车辆的低成本优势，在运营维护方面则参考了高速动车组的技术规程和运用经验，为既有提速铁路和高标准客货混运干线铁路提供了方便快捷的出行选择，实现了既有铁路客运列车硬件水平的全面升级。

CR200J 基本数据	
运营速度	160km/h
短编组牵引功率	5600kW
长编组牵引功率	11200kW
列车编组	1L8T | 2L16T
列车定员	720 人 | 918 人

驾驶室

一等座车

二等座车

二等卧车

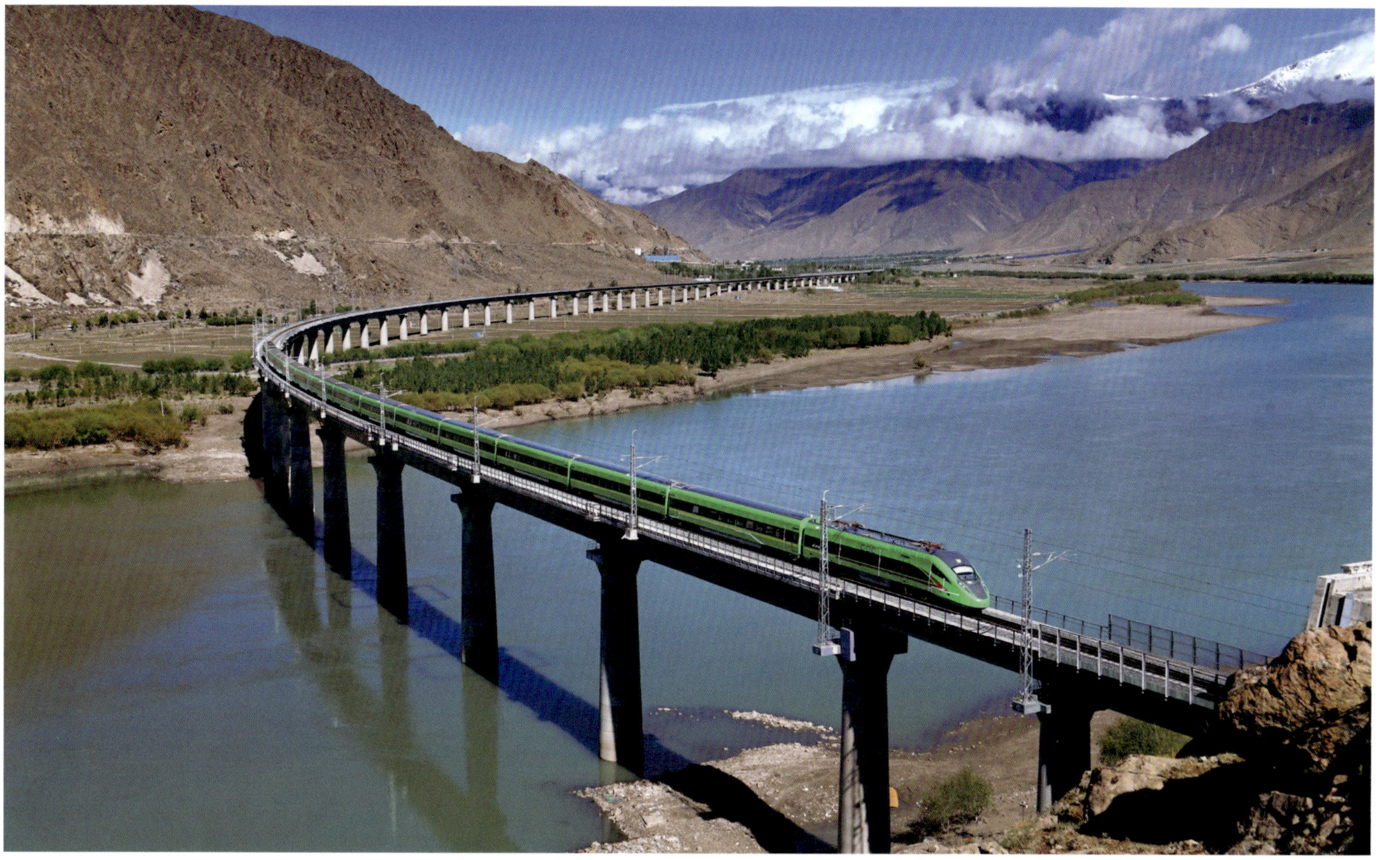

CR200JS-G 型高原双源动力集中动车组

复兴号 CR200JS-G 内电双源动力集中动车组是为西藏第一条电气化铁路——拉林铁路量身定制的国内第一款双源动力动车组，可在电气化铁路与非电气化铁路间直通运行。

CR200JS-G 采用 3 动 9 拖的编组形式，定员 755 人，最高运营速度 160km/h。为满足青藏高原地区特殊的运用环境，列车司机室和客室中均安装有制氧装置，并采用了富有西藏地域特色的内饰装潢。目前，CR200JS-G 在拉日铁路和拉林铁路上贯通运行，让复兴号动车组驶上雪域高原。

CR200JS-G 型动车组编组示意图

❶❷ FXN3-J 内燃动力车　❸❹❺ 二等座车　❻ 二等座车 / 餐车

❼❽❾ 二等座车　❿ 一等座车　⓫ 一等 / 商务座车　⓬ HXD1D-J 电力动力车

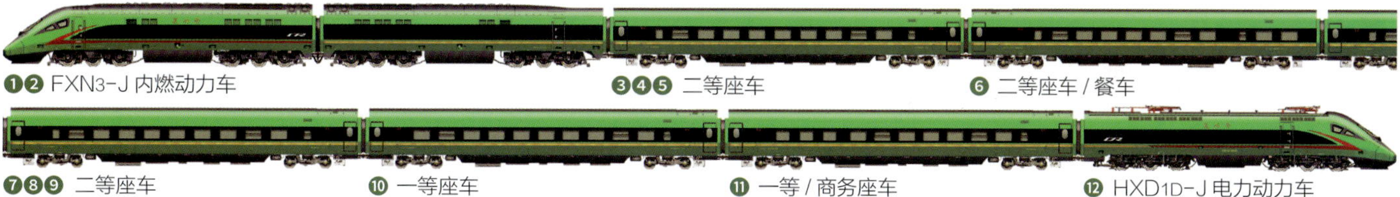

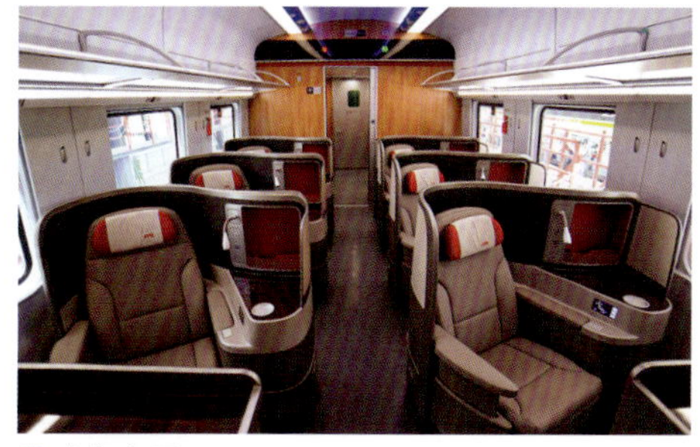

● 商务座区

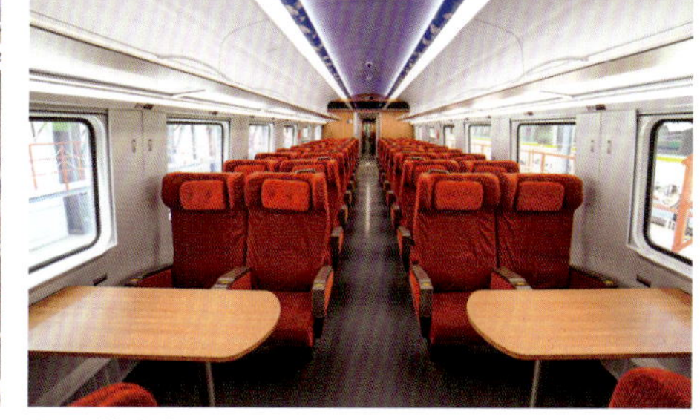

● 一等座车

CR200JS-G 基本数据	
运营速度	160km/h
内燃牵引功率	4740kW
电力牵引功率	7200kW
列车编组	3L9T
列车定员	755 人

和谐号系列动车组

和谐号系列动车组是 2004 年在国务院“引进先进技术，联合设计生产，打造中国品牌”原则指导下，对国外高速动车技术平台进行“引进—消化—吸收—再创新”，构筑了 CRH1、CRH2、CRH3 和 CRH5 四大技术平台，实现中国高速列车从时速 200 公里到时速 350 公里全覆盖，让中国高速动车组完成了从无到有，并一跃成为世界之巅的跨越！

和谐

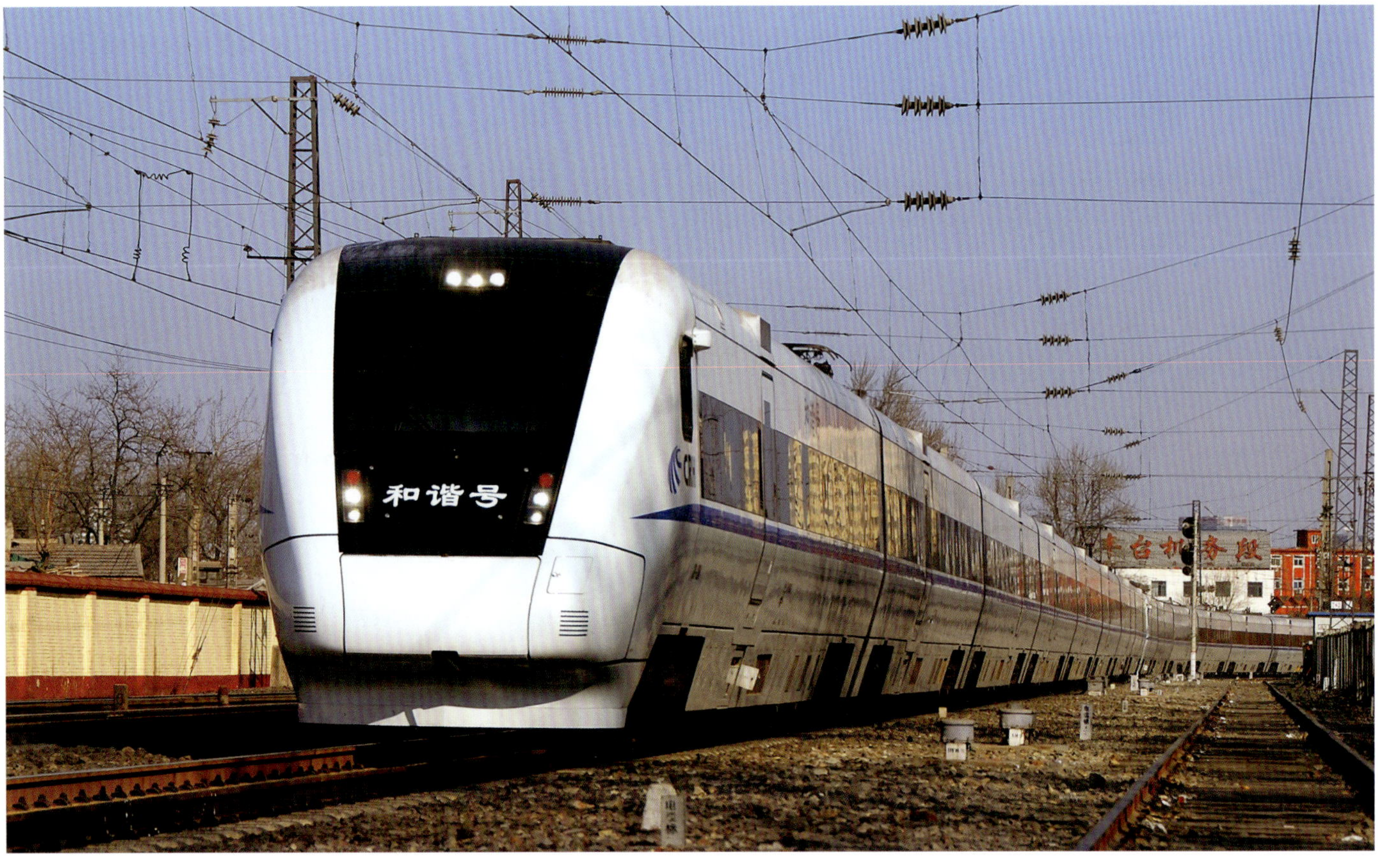

CRH1A 型动车组

和谐号 CRH1A 型动车组是配合 2007 年中国铁路第六次大提速而引进生产的首批三款动车组之一，采用 5 动 3 拖 8 辆编组，首批 40 列车最高运营速度为 200km/h；后期增购列车最高运营速度则调整为 250 km/h，各项技术指标基本不变。

与国内其他动车组普遍采用铝合金车体不同，CRH1A 车体采用不锈钢材质。短车头、大车门和初期多运用于短途城际运输之故，让 CRH1A 有了“大地铁”的昵称。

CRH1A 基本数据	
运营速度	200~250km/h
牵引功率	5300kW
列车编组	5M3T
列车定员	611~668 人

● 一等座车

● CRH1A 型动车组车门

CRH1A 型动车组编组示意图

❶ 一等座车 ❷ 二等座车 ❸ 二等座车 ❹ 二等座车 / 餐车

❺ 二等座车 ❻ 二等座车 ❼ 二等座车 ❽ 一等座车

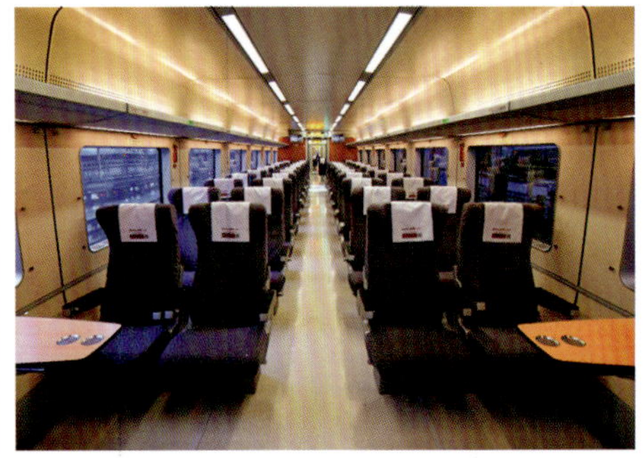

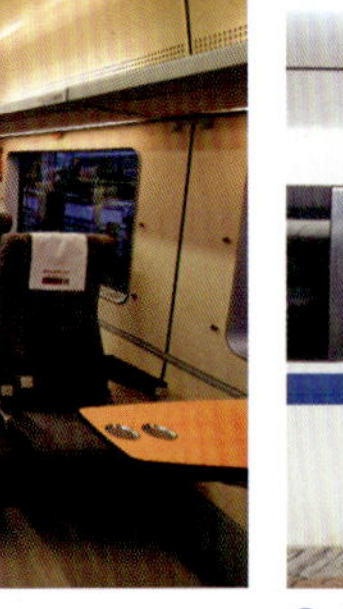

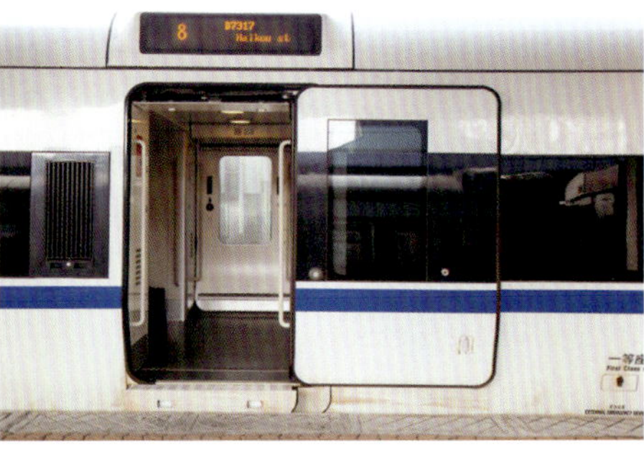

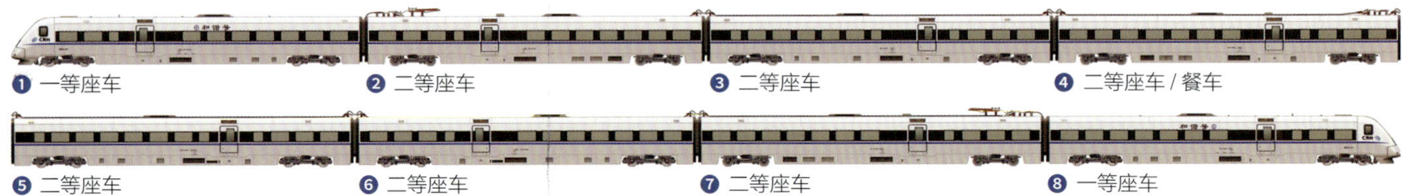

CRH1A-A 型动车组

和谐号 CRH1A-A 型动车组是在新一代 Zefiro250 技术平台上生产的 CRH1A 改进车型，5 动 3 拖的 8 辆编组和 250km/h 的最高运营速度保持不变，定员根据不同内饰设计为 588~613 人不等。

相比 CRH1A，CRH1A-A 优化了头型设计，在高速运行时拥有更加出色的空气动力学性能，车体材质也由不锈钢改为铝合金，改善了气密性。此外 CRH1A 还小幅增加了车宽，改进了车门设计，优化了转向架，提高了长途行车时的舒适性。

CRH1A-A 型动车组编组示意图

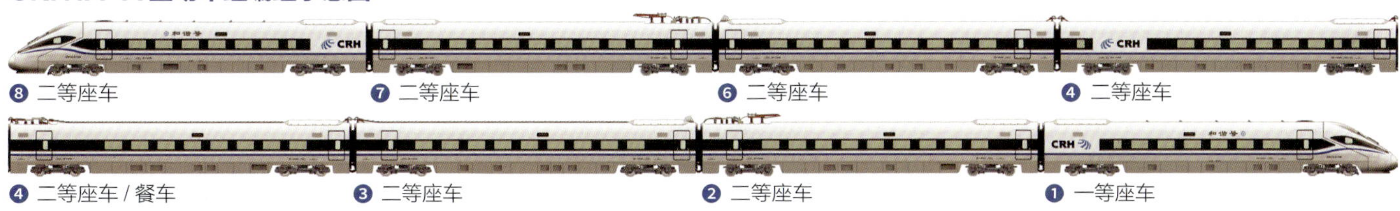

⑧ 二等座车　⑦ 二等座车　⑥ 二等座车　④ 二等座车

④ 二等座车 / 餐车　③ 二等座车　② 二等座车　① 一等座车

● 驾驶室

● 一等座车

CRH1A-A 基本数据	
运营速度	250km/h
牵引功率	5300kW
列车编组	5M3T
列车定员	588~613 人

CRH1B 型动车组

和谐号 CRH1B 型动车组是基于 CRH1 技术平台生产的长编组座车，列车除采用 10 动 6 拖的 16 辆编组外，不锈钢车体的设计，牵引、制动等主要技术设备均与 CRH1A 一脉相承。

CRH1B 先后生产了两个批次：首批次采用与 CRH1A 相同的头型和车体结构，延续了车厢中部大尺寸单扇车门的设计。第二批次的头型和车体结构则与 CRH1E 相同，车门移至车厢端部。两批次列车的车内布局不同，但定员均为 1299 人，是迄今为止中国动车组座席定员之最。

CRH1B 基本数据	
运营速度	250km/h
牵引功率	10600kW
列车编组	10M6T
列车定员	1299 人

餐车就餐席

采用 CRH1E 头型的 CRH1B 型动车组

CRH1E 型动车组

和谐号 CRH1E 型动车组是 CRH1 技术平台中的长编组卧铺车型，共有前后两代，均为 10 动 6 拖 16 辆编组。初代 CRH1E 采用不锈钢车体和庞巴迪 Zefiro250 流线头型。考虑到卧铺动车组沿途不会频繁乘降，因此车门设计为单端单扇门。

初代 CRH1E 共有两种内饰布局，早期生产的列车除二等座车、4 人软卧包厢和餐车外，还设有 8 个定员 2 人、配有沙发和衣柜的高级软卧包厢；后期生产的列车则将高级软卧包厢调整为普通软卧包厢。

CRH1E 基本数据	
运营速度	250km/h
牵引功率	10600kW
列车编组	10M6T
列车定员	618~642 人

● 驾驶室

● 高级软卧包厢

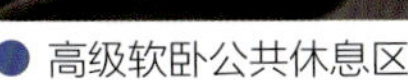

● 高级软卧公共休息区

● 二等座车

新 CRH1E 型动车组

新 CRH1E 型动车组是 2015 年生产的新一代卧铺动车组。相比于初代 CRH1E，新 CRH1E 最大的不同在于采用了 CRH1A-A 的新头型和铝合金车体，气密性和舒适性得到大幅提升。

内饰布局方面，新 CRH1E 采用了新一代卧铺动车组 642 人的统型布局，取消了独立餐车，餐车在保留售货区的同时，利用原就餐席空间增设了 3 个软卧包厢和 2 个高铁快运储物区。此外，为了方便日间套跑短途列车，新 CRH1E 的铺位还增加了座卧转换功能，可根据不同用途灵活切换。

新 CRH1E 基本数据	
运营速度	250km/h
牵引功率	10600kW
列车编组	10M6T
列车定员	642 人

驾驶室

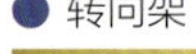

转向架

二等座车

软卧包厢

软卧代座

CRH2A 型动车组

和谐号 CRH2A 型动车组是配合 2007 年中国铁路第六次大提速而引进生产的首批三款动车组之一。列车采用 4 动 4 拖 8 辆编组，最高运行速度 250km/h，是我国迄今为止生产数量最多、运用范围最广的动车组车型。

早期生产的 CRH2A 部分设计很有特色，如一等车每排对应独立小窗，二等车两排共用一扇大窗但窗帘独立分享，车内盥洗室与卫生间分开，专设男士小便间等；后期则进行了统型化改进，在车内布局、定员和部分技术设备方面与其他平台时速 250 公里级别动车组统一标准，牵引功率亦有提升。

● 统型 CRH2A 取消了司机门，并增加了逃生窗

● 二等座车

CRH2A 基本数据	
运营速度	250km/h
牵引功率	4800kW
列车编组	4M4T
列车定员	610~613 人

CRH2A 型动车组编组示意图

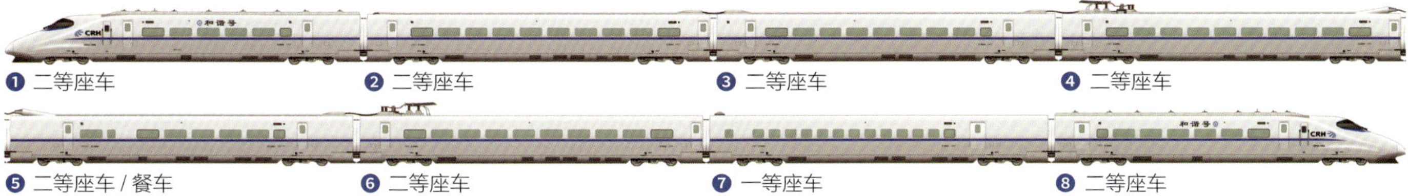

❶ 二等座车　❷ 二等座车　❸ 二等座车　❹ 二等座车

❺ 二等座车 / 餐车　❻ 二等座车　❼ 一等座车　❽ 二等座车

CRH2B 型动车组

和谐号 CRH2B 型动车组是 CRH2 技术平台中的长编组座车，也是中国铁路第一款投入运营的 16 辆大编组动车组列车。除编组增加和总功率相应提升外，其他主要技术特征与 CRH2A 基本相同。

根据生产批次不同，CRH2B 有两种略有不同的车头设计，二者区别主要在于“丹凤眼”头灯和司机专用车门等细节，但客室布局和 1230 人的总定员则完全相同。

CRH2B 基本数据	
运营速度	250km/h
牵引功率	9600kW
列车编组	8M8T
列车定员	1230 人

驾驶室

一等座车

二等座车

餐车吧台

餐车就餐席

CRH2C 型动车组

和谐号 CRH2C 型动车组是基于 CRH2 技术平台研发生产的时速 300 公里级别高速列车，前后共分两个阶段设计生产，是中国铁路首款设计速度达到 300km/h 的高速列车。

CRH2C 一阶段采用 6 动 2 拖的编组形式，通过增加动车数量实现 300km/h 高速运行的功率需求；二阶段则通过重大技术改进，换装大功率牵引电机，将列车持续运营速度由一阶段的 330km/h 提升至 350km/h。

● 转向架

● 餐车就餐席

CRH2C 基本数据	
运营速度	310km/h*
牵引功率	7200kW | 8760kW
列车编组	6M2T
列车定员	610 人

CRH2C 型动车组编组示意图

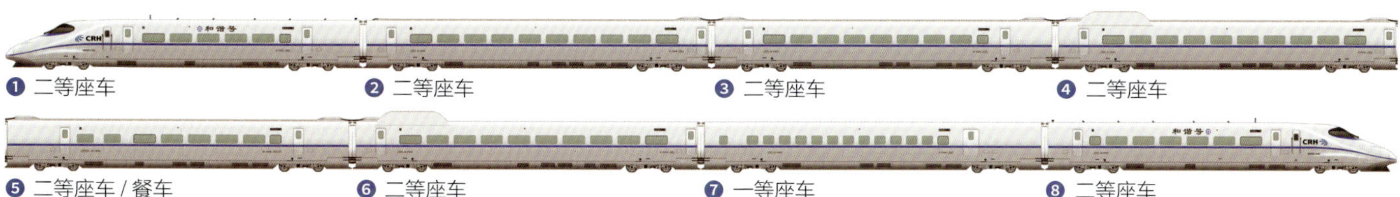
① 二等座车 ② 二等座车 ③ 二等座车 ④ 二等座车
⑤ 二等座车 / 餐车 ⑥ 二等座车 ⑦ 一等座车 ⑧ 二等座车

* 目前，300~350km/h 级和谐号动车组实际最高运营速度统一为 310km/h。下文同。

CRH2E 型动车组

和谐号 CRH2E 型动车组是 CRH2 技术平台中的长编组卧铺车型，采用 8 动 8 拖 16 辆编组形式，最高运行速度 250km/h，是世界上首款运行速度超过 200km/h 的卧铺动车组。

CRH2E 先后生产了多个批次。首批次 CRH2E 采用了与 CRH2B 完全相同的头型包括“丹凤眼”头灯，车门为单端单扇门，客室为传统的 4 人包间式软卧和二等座车，餐车则设有厨房、吧台和就餐席，全车定员 630 人。

● 餐车就餐席

● 餐车餐桌

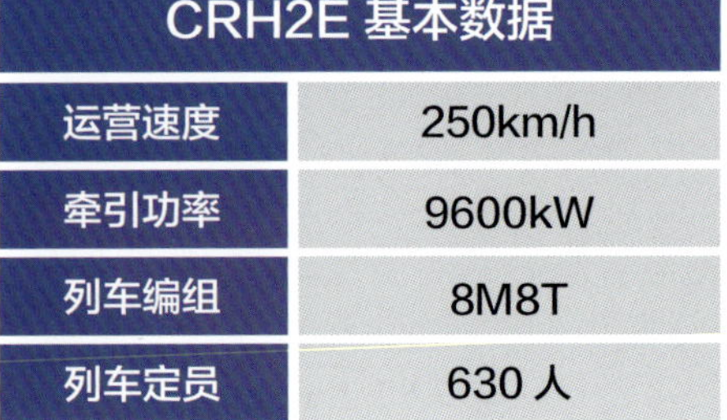

CRH2E 基本数据	
运营速度	250km/h
牵引功率	9600kW
列车编组	8M8T
列车定员	630 人

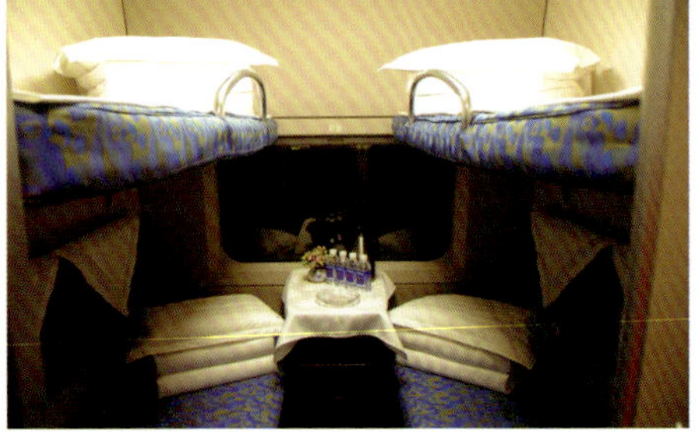

● 软卧包厢

● 车内走廊

新 CRH2E 型动车组

新 CRH2E 型动车组是 2015 年生产的 CRH2E 改进车型，采用了与 CRH2G 相同的“骏马”头型和黑色窗线涂装，视觉上与首批次的 CRH2E 迥然不同，同时列车车门也由此前的内藏门改为外摆式塞拉门。

新 CRH2E 的客室相比首批次也进行了小幅调整，将软卧铺位升级为了座卧转换设计，同时取消了独立餐车，并加装了高铁快运储物区。

● 新 CRH2E 型动车组

新 CRH2E 基本数据	
运营速度	250km/h
牵引功率	10304kW
列车编组	8M8T
列车定员	642 人

● 转向架

CRH2E 型纵向卧铺动车组

和谐号 CRH2E 型动车组第三批次生产的车型采用了全新的内饰设计，车内采用中央单通道、两侧卧铺平行列车运行方向的纵向布局模式，因此也被称为 CRH2E 型纵向卧铺动车组。

CRH2E 纵向卧铺动车组采用与了新 CRH2E 相同的头型造型，全列皆为卧铺车厢，不设二等座。新卧铺布局在增加全车定员的同时，也让乘客的私密性和舒适性得到了很大提升。

纵向卧铺 CRH2E 基本数据	
运营速度	250km/h
牵引功率	10304kW
列车编组	8M8T
列车定员	880 人

● 纵向卧铺

● 纵向卧铺下铺

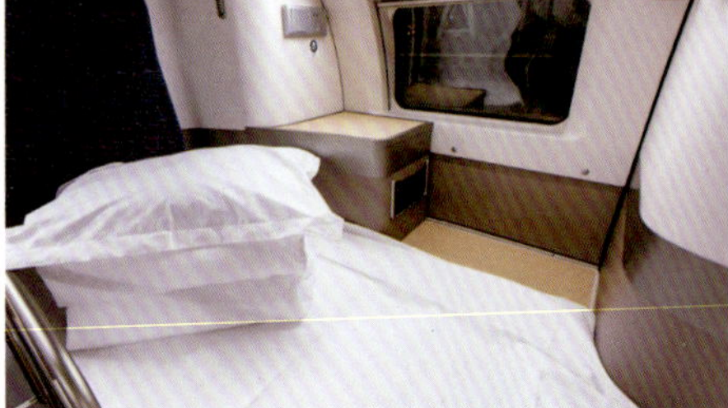

● 纵向卧铺上铺

● 传统软卧包间

CRH2G 型动车组

和谐号 CRH2G 型动车组是在 CRH2A 技术平台基础上研制的耐高寒、抗风沙车型，采用 4 动 4 拖 8 辆编组设计，最高运营速度 250km/h，定员 613 人。

针对高海拔、高寒降雪和低温、强风沙、高原紫外线、高原雷电等诸多恶劣环境，CRH2G 采用了多项新技术，保证了列车运行安全和乘坐舒适。此外，全新设计的“骏马”头型，为列车增添了力量与速度的美感。

● 一等座车

● 二等座车

CRH2G 基本数据	
运营速度	250km/h
牵引功率	4800kW
列车编组	4M4T
列车定员	613 人

CRH2G 型动车组编组示意图

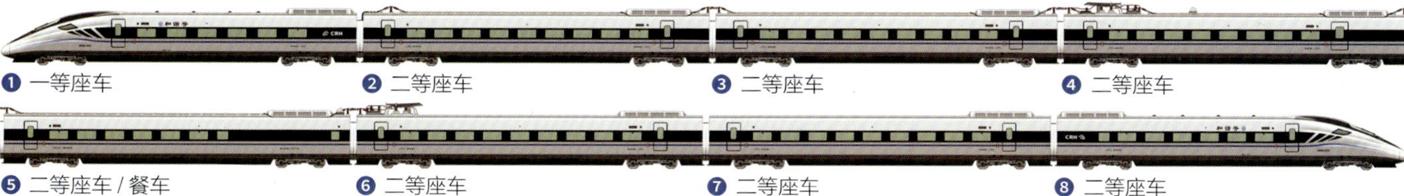

❶ 一等座车　❷ 二等座车　❸ 二等座车　❹ 二等座车

❺ 二等座车 / 餐车　❻ 二等座车　❼ 二等座车　❽ 二等座车

CRH3C 型动车组

和谐号 CRH3C 型动车组采用 4 动 4 拖 8 辆编组，最高运行速度可达 350km/h，全列定员 556 人，是中国唯一通过“引进先进技术，联合设计生产，打造中国品牌”引进生产的时速 300 公里级别动车组列车。

2008 年 8 月 1 日北京奥运会开幕前夕，CRH3C 作为主力车型投入中国第一条时速 350 公里高速铁路——京津城际铁路运输服务，为北京奥运会顺利召开提供了优秀的运输保证，是中国高铁早期的代表车型。

CRH3C 基本数据	
运营速度	310km/h
牵引功率	8800kW
列车编组	4M4T
列车定员	556 人

● 特等座区

● 转向架

CRH3C 型动车组编组示意图

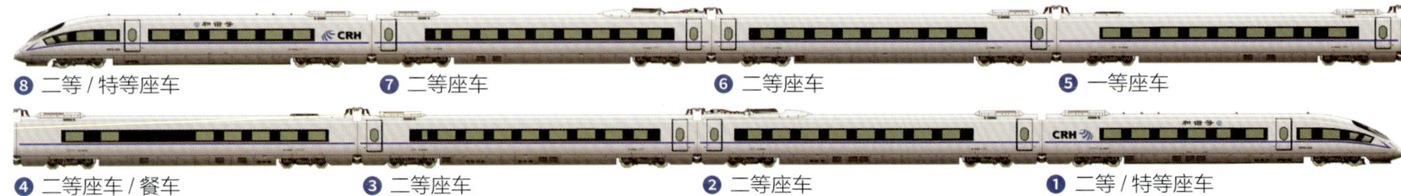

❽ 二等 / 特等座车　❼ 二等座车　❻ 二等座车　❺ 一等座车

❹ 二等座车 / 餐车　❸ 二等座车　❷ 二等座车　❶ 二等 / 特等座车

CRH3A 型动车组

和谐号 CRH3A 型动车组是以 CRH3C 技术平台为基础，向下研发的时速 250 公里级动车组车型。因最高速度降低，CRH3A 在延续 4 动 4 拖 8 辆编组设计的同时，换用了更为经济的牵引电机，并采用了类似“海豚”的新头型。

CRH3A 采用了时速 250 公里级别动车组 613 人的统型客室布局，在内饰细节上参考了复兴号 CR400BF 的装饰风格。在司机室两侧观察窗处绘有类似 CR400BF 的金色凤翎装饰，仿佛一对“黄金眼”。

CRH3A 样车

驾驶室

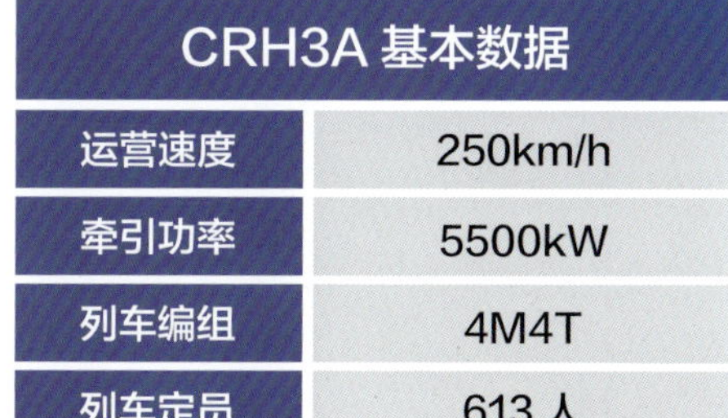

CRH3A 基本数据	
运营速度	250km/h
牵引功率	5500kW
列车编组	4M4T
列车定员	613 人

一等座车

二等座车

餐车吧台

CRH5A 型动车组

和谐号 CRH5A 型动车组是配合 2007 年中国铁路第六次大提速而引进生产的首批三款动车组之一，采用 5 动 3 拖的 8 辆编组，最高运营速度 250km/h。早期列车采用固定座椅，定员 622 人。后期则改用可旋转座椅，并将一等车由 1 节增加为 2 节，定员也相应调整为 586 人。

CRH5A 引进消化吸收自意大利 Pendolino 动车组技术平台，在取消了原技术平台车体倾摆功能的同时，保留了独特的体悬牵引电机和万向轴传动设计，因此 CRH5A 与其衍生的系列车型一起，成为中国高速列车大家庭中最为特殊的家族。

● 餐车吧台

● 一等座车

CRH5A 基本数据	
运营速度	250km/h
牵引功率	5500kW
列车编组	5M3T
列车定员	586~622 人

CRH5A 型动车组编组示意图

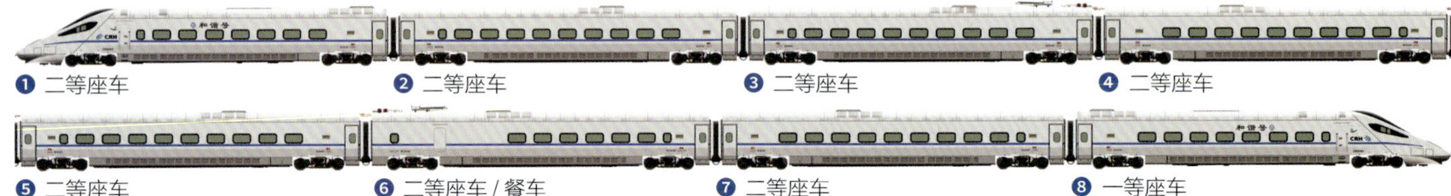

① 二等座车 ② 二等座车 ③ 二等座车 ④ 二等座车

⑤ 二等座车 ⑥ 二等座车 / 餐车 ⑦ 二等座车 ⑧ 一等座车

CRH5E 型动车组

和谐号 CRH5E 型动车组是基于 CRH5 技术平台研发生产的长编组卧铺车型，为 10 动 6 拖 16 辆编组，最高运营速度 250km/h。列车采用与新 CRH1E、新 CRH2E 一致的新一代卧铺动车组的统型布局，卧铺状态下定员 642 人，具备座卧转换功能，并设有高铁快运储物区。

同时，CRH5E 延续了 CRH5G 的耐高寒抗风沙能力，车体加宽至 3.3m，更为宽敞舒适。其车灯附近酷似黑眼圈的涂装风格让它有了“熊猫”的爱称。

● 驾驶室

● 软卧包厢

CRH5E 基本数据	
运营速度	250km/h
牵引功率	11000kW
列车编组	10M6T
列车定员	642 人

● 软卧代座

● 高铁快运储物区

CRH5G 型动车组

和谐号 CRH5G 型动车组是为适应兰新高铁高寒多风沙特殊运用环境研制生产的改进车型，是我国第一款具备抗风沙能力的动车组。

CRH5G 延续了 CRH5A 的 5 动 3 拖编组和 250km/h 最高运营速度，主要技术参数也基本相同。除车内设备采用防寒抗风沙设计外，CRH5G 的头型和涂装都与 CRH5A 基本相同。

● 驾驶室

● 餐车吧台

CRH5G 基本数据	
运营速度	250km/h
牵引功率	5500kW
列车编组	5M3T
列车定员	613 人

CRH5G 型动车组编组示意图

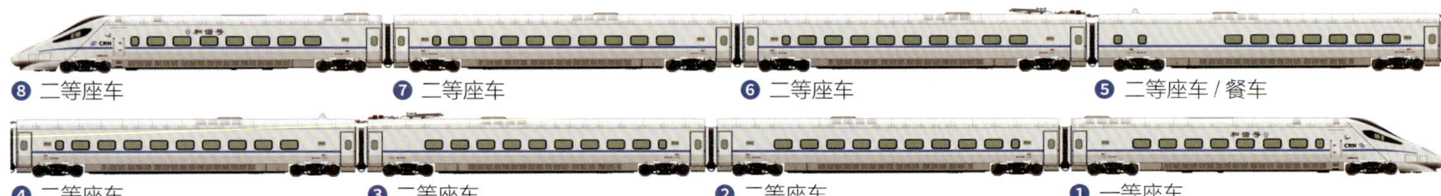

❽ 二等座车　❼ 二等座车　❻ 二等座车　❺ 二等座车 / 餐车

❹ 二等座车　❸ 二等座车　❷ 二等座车　❶ 一等座车

CRH5G 技术提升型动车组

CRH5G 技术提升型动车组是 CRH5G 型动车组的改进车型，采用全新“海豚”头型的同时增加了车体宽度，车内则采用了模块化、简洁化的内饰设计，改用冷色调灯光，乘坐环境更加宽敞舒适。

同时，列车在牵引、制动及控制系统等方面沿用了首批次 CRH5G 的成熟技术，编组形式、速度等级和整车功率也保持不变。

CRH5G 技术提升型动车组编组示意图

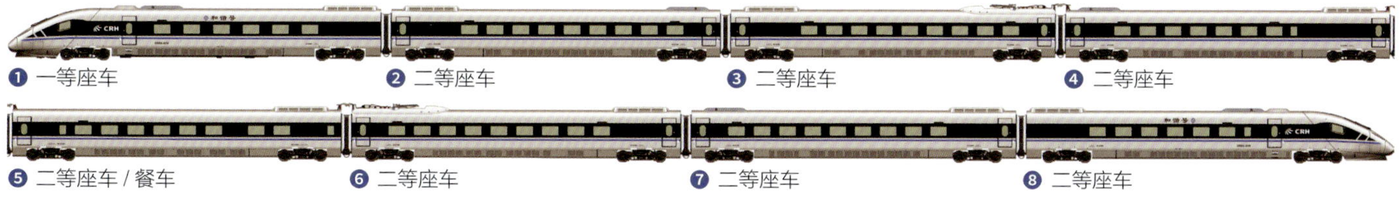

① 一等座车 ② 二等座车 ③ 二等座车 ④ 二等座车

⑤ 二等座车 / 餐车 ⑥ 二等座车 ⑦ 二等座车 ⑧ 二等座车

CRH5G 技术提升型基本数据	
运营速度	250km/h
牵引功率	5500kW
列车编组	5M3T
列车定员	613 人

● 一等座车

● 二等座车

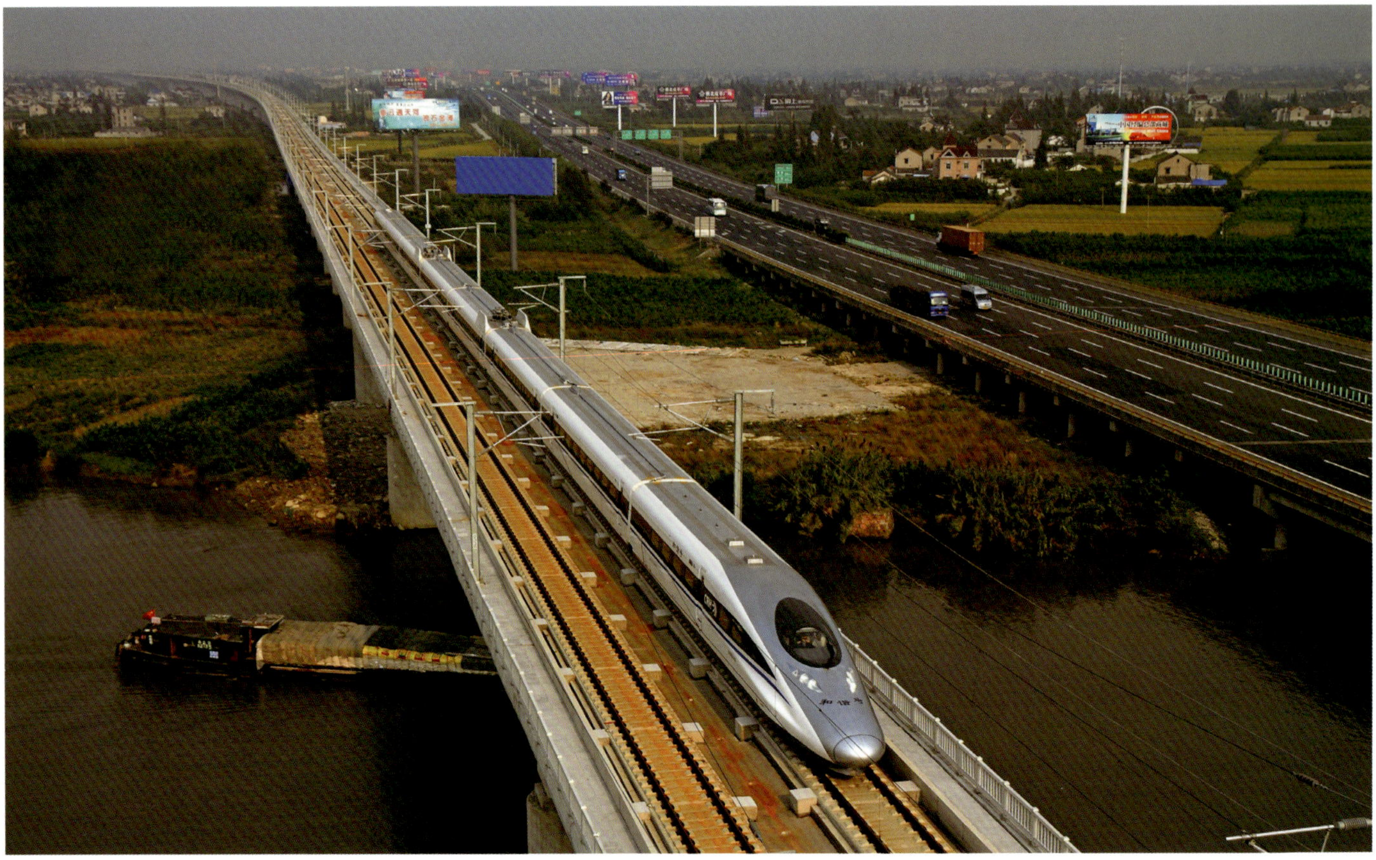

CRH380A 型动车组

和谐号 CRH380A 型动车组是 CRH380 系列动车组的首款车型，也是中国第二代高速列车的代表车型之一，设计最高运行速度可达 380km/h，具备 350km/h 持续运营条件。

CRH380A 采用 6 动 2 拖 8 辆编组。其醒目的全新头型则是来源于长征火箭的设计。2010 年 9 月 28 日，CRH380A 在沪杭高铁上创造 416.6km/h 速度纪录，在中国铁路历史上首次突破 400km/h 速度大关。

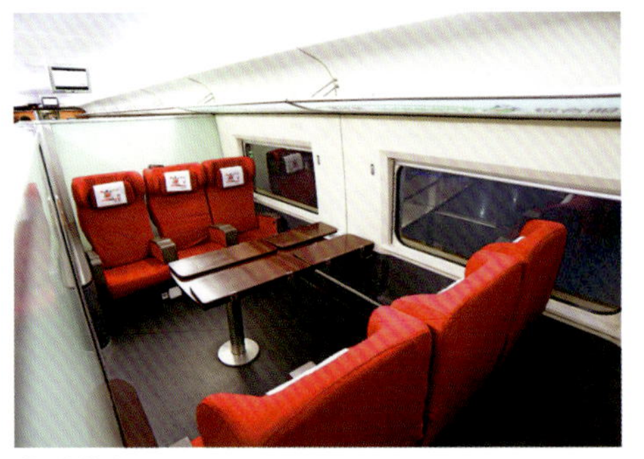

● 特等包厢

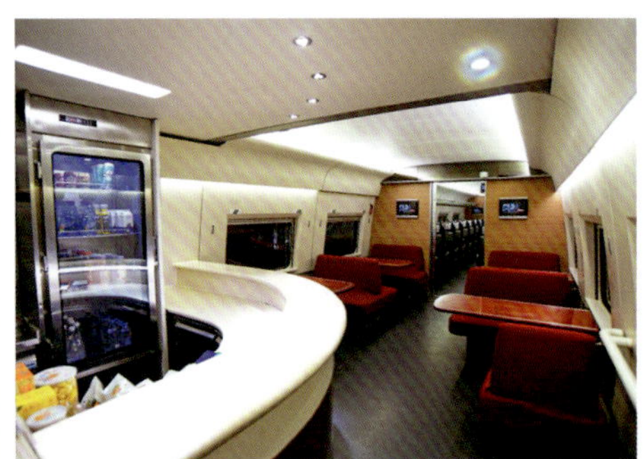

● 餐车吧台与就餐席

CRH380A 基本数据	
运营速度	310km/h
牵引功率	9600kW
列车编组	6M2T
列车定员	480~556 人

CRH380A 型动车组编组示意图

❶ 一等 / 商务座车　❷ 二等座车　❸ 二等座车　❹ 二等座车

❺ 二等座车 / 餐车　❻ 二等座车　❼ 二等座车　❽ 二等 / 商务座车

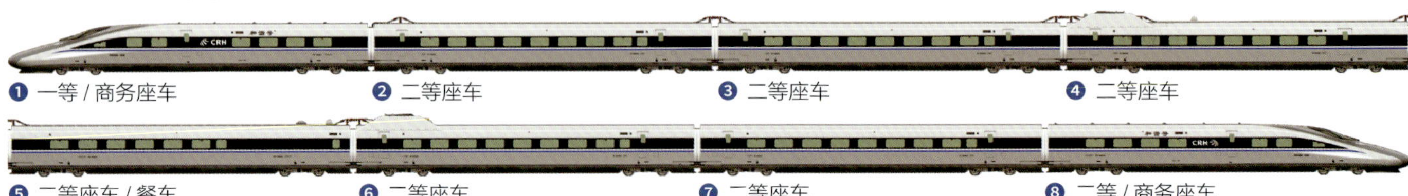

CRH380AN 型动车组

和谐号 CRH380AN 型动车组是以 CRH380A 统型动车组为基础技术平台，研究并集成设计了永磁电机牵引传动系统的试验车型，目前仅生产一列，在大西高速线完成试验后配属成都动车段，日常在西南地区运营。

通过换用永磁电机牵引传动系统，CRH380AN 在缩减两节动车至 4 动 4 拖 8 辆编组的情况下，维持了 9600kW 的牵引功率不变。其旅客界面、最高运营速度等则与 CRH380A 统型版保持一致。

● 列车头型

CRH380AN 基本数据	
运营速度	310km/h
牵引功率	9600kW
列车编组	4M4T
列车定员	556 人

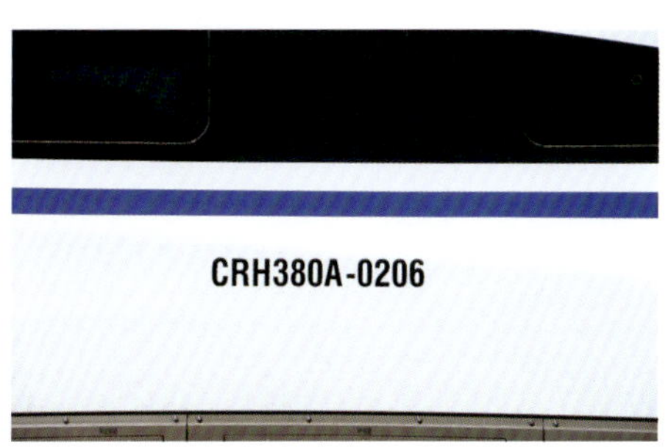

● CRH380AN 车组号标识

CRH380AL 型动车组

和谐号 CRH380AL 型动车组是 CRH380A 的长编组版，采用 14 动 2 拖 16 辆编组，定员根据内饰布局不同分别有 1028 和 1061 人两个版本，具备 350km/h 持续运营条件。

2010 年 12 月 3 日，CRH380A-6041L（现 CRH380AL-2541）号动车组在京沪高铁以 486.1km/h 创下了“正常营运编组列车最高试验速度”的世界纪录。同时，这个数字也打破了日本 300X 动车组曾经创下的亚洲轮轨高速列车速度纪录。

● 商务座车

● 一等座车

● 二等座车

CRH380AL 基本数据	
运营速度	310km/h
牵引功率	21560kW
列车编组	14M2T
列车定员	1028~1061 人

● 餐车就餐席

● 盥洗区

CRH380BL 型动车组

和谐号 CRH380BL 型动车组是在 CRH3C 技术平台基础上开发的新一代高速列车。列车采用 8 动 8 拖 16 辆编组，在总体技术方案上与两列 CRH3C 重联相若。通过提升牵引电机功率，调整齿轮传动比，具备 350km/h 持续运营条件。

CRH380BL 基本延续了 CRH3C 的外观风格，并对设备舱、导流罩、车厢间风挡、车钩罩、风笛栏栅等细节设计进行了小幅优化，在不改变车头造型的情况下有效降低了风阻和噪声。

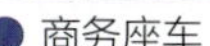

● 商务座车

● 一等座车

CRH380BL 基本数据	
运营速度	310km/h
牵引功率	18400kW
列车编组	8M8T
列车定员	1005~1015 人

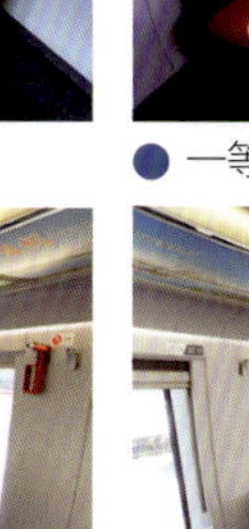

● 二等座车

● 餐车就餐席

● 多功能卫生间

CRH380BG 型动车组

和谐号 CRH380BG 型动车组是在 CRH380BL 成熟技术基础上研发生产的高寒动车组，采用 4 动 4 拖 8 辆编组，提升了防寒抗风雪性能，是世界上首款适用于 -40℃高寒地区的 300km/h 级高速列车。

早期生产的 CRH380BG 头尾两端司机室后方均比照 CRH3C 设置了特等观光座，全车定员 551 人；而 2014 年后制造的CRH380BG则采用时速300公里级动车组统型布局，司机室后方的特等座改为商务座，全列定员也调整为556人。

CRH380BG 基本数据	
运营速度	310km/h
牵引功率	9200kW
列车编组	4M4T
列车定员	551~556 人

特等座区

餐车就餐席

CRH380BG 型动车组编组示意图

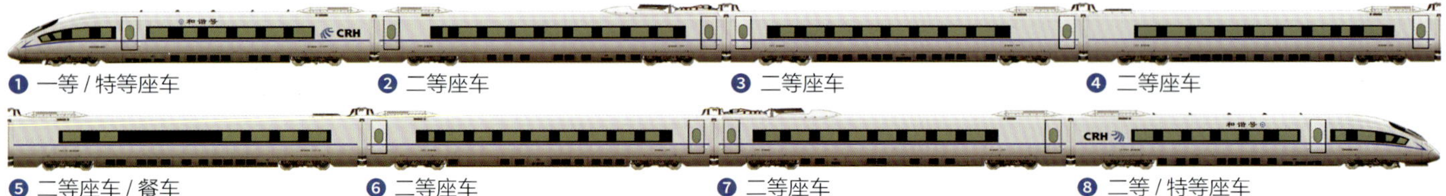

❶ 一等 / 特等座车　❷ 二等座车　❸ 二等座车　❹ 二等座车

❺ 二等座车 / 餐车　❻ 二等座车　❼ 二等座车　❽ 二等 / 特等座车

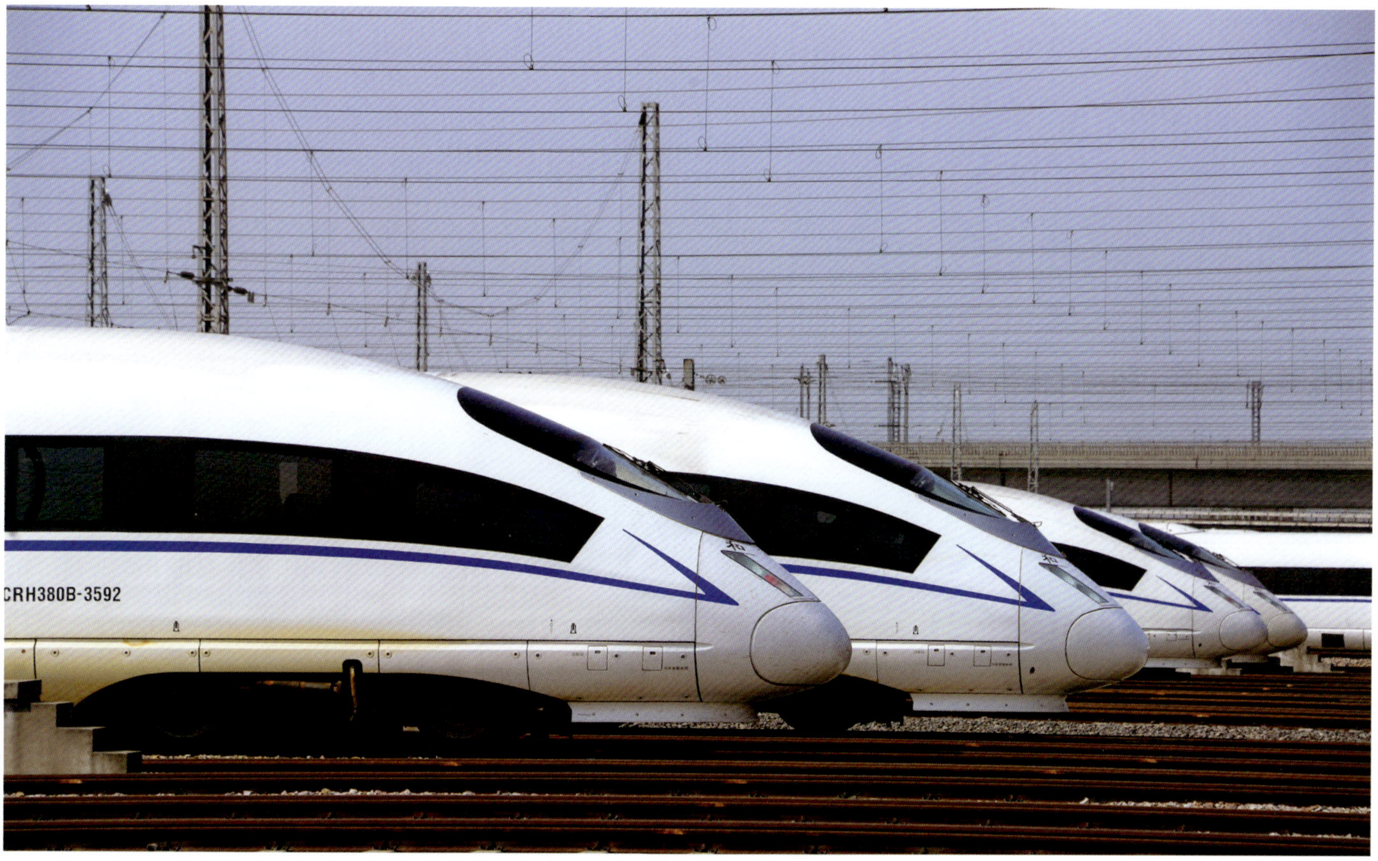

CRH380B 型动车组

和谐号 CRH380B 型动车组是在 CRH380BG 基础上研发生产的非高寒动车组，除了去掉应对高寒和风雪天气所设置的特殊设备与功能外，其 4 动 4 拖的 8 辆编组，最高运营速度 350km/h 等都与 CRH380BG 完全相同。

CRH380B 总计生产 353 列，均采用时速 300 公里级动车组 556 人的统型布局，是截至目前中国制造数量最多、应用范围最广的时速 300 公里级高速动车组车型。

CRH380B 型动车组编组示意图

❶ 一等 / 商务座车 ❷ 二等座车 ❸ 二等座车 ❹ 二等座车

❺ 二等座车 / 餐车 ❻ 二等座车 ❼ 二等座车 ❽ 二等 / 商务座车

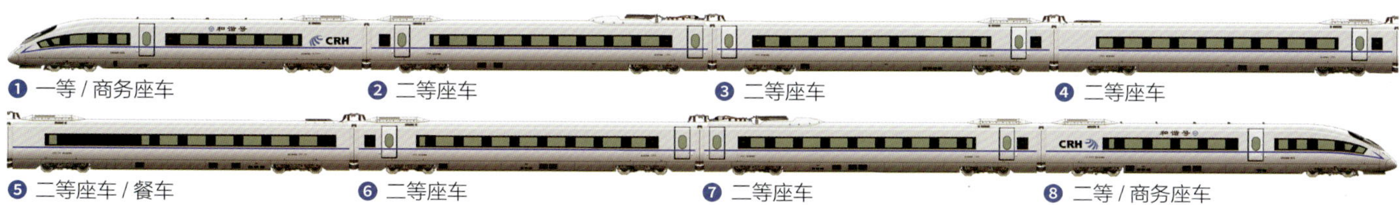

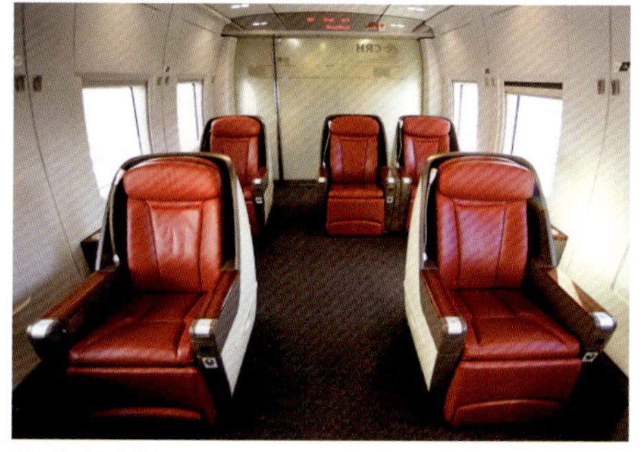

● 商务座区

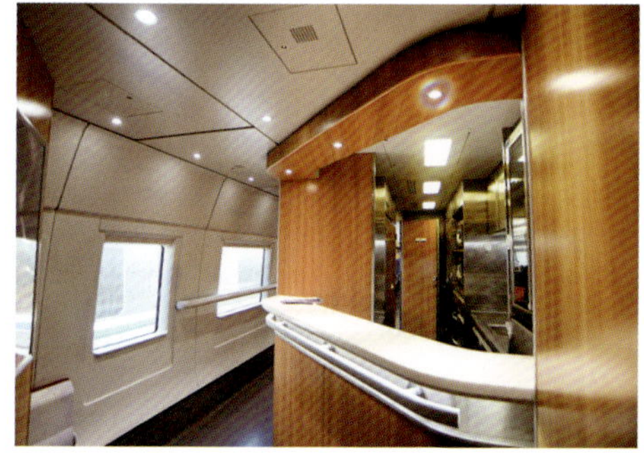

● 餐车吧台

CRH380B 基本数据	
运营速度	310km/h
牵引功率	9200kW
列车编组	4M4T
列车定员	556 人

CRH380CL 型动车组

和谐号 CRH380CL 型动车组是在 CRH380BL 型动车组基础上自主研发的新车型，采用了以“猎豹”为设计原型的新头型，车头长细比更大，可在高速运行时降低空气阻力、尾车升力和气动噪声。加上富有冲击力的车灯设计，让人印象深刻。

除头型外，CRH380CL 与 CRH380BL 最大的不同在于采用了日立授权、中车永济电机有限公司生产的全新牵引系统，在同样采用 8 动 8 拖配置的情况下提升了总牵引功率，获得了更强的起动能力和持续高速运行能力。

CRH380CL 基本数据	
运营速度	310km/h
牵引功率	19200kW
列车编组	8M8T
列车定员	1015 人

驾驶室

商务座车

一等座车

二等座车

餐车就餐席

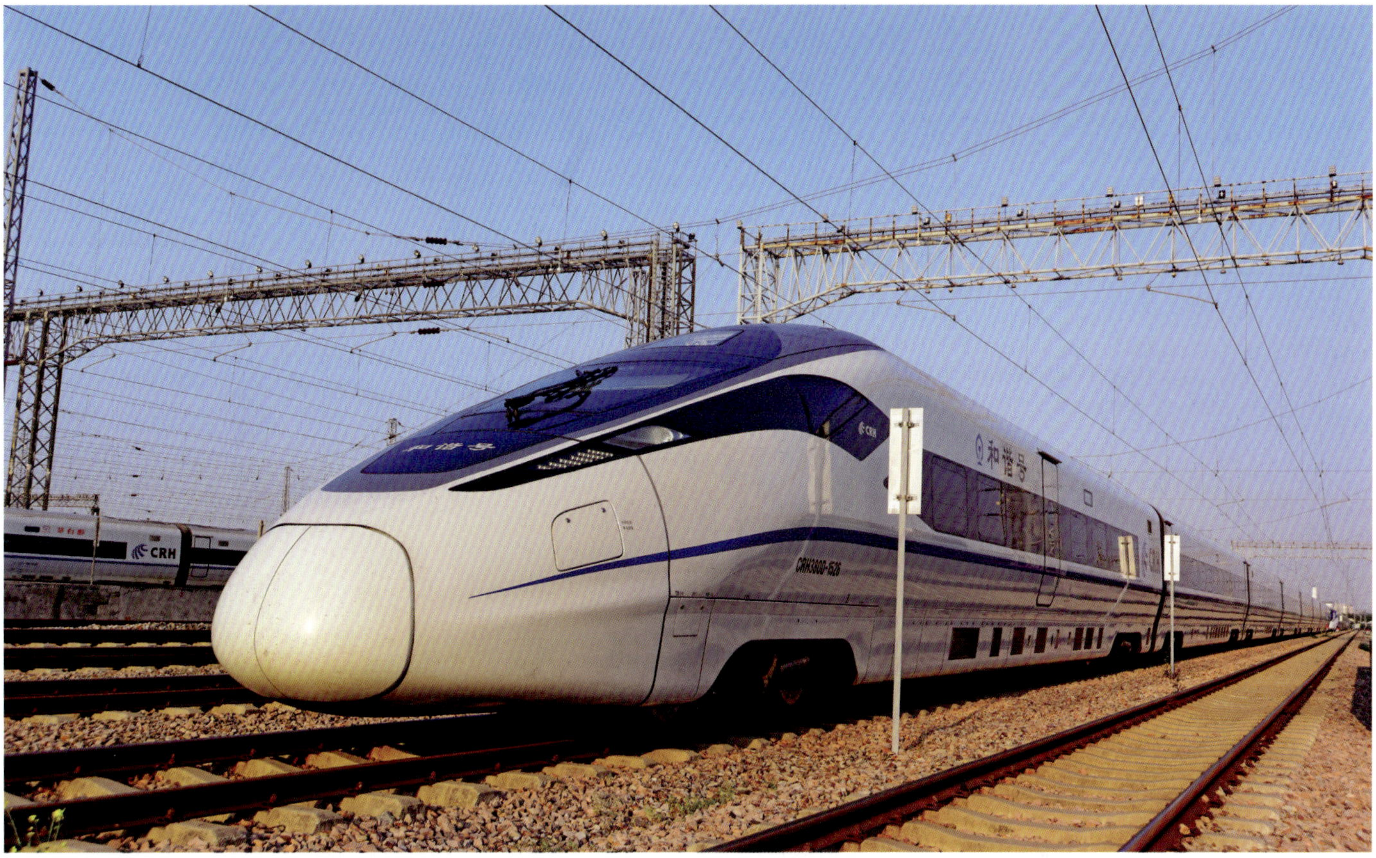

CRH380D 型动车组

和谐号 CRH380D 型动车组是基于庞巴迪 Zefiro 技术平台生产的时速 300 公里级高速列车，是 CRH380 系列动车组的最后一名成员。

CRH380D 采用 4 动 4 拖 8 辆编组，是国内首款牵引功率超过 10000kW 的 8 辆编组动车组列车。其头型设计和诸多车身细节都侧重降阻减噪，在提升运行效率和舒适性的同时，诸多优秀理念也在此后复兴号的整体设计中被加以借鉴，为中国高速动车组技术发展提供了宝贵的经验与创意。

CRH380D 型动车组编组示意图

❽ 二等 / 特等座车　❼ 二等座车　❻ 二等座车　❺ 二等座车

❹ 二等座车 / 餐车　❸ 二等座车　❷ 二等座车　❶ 一等 / 特等座车

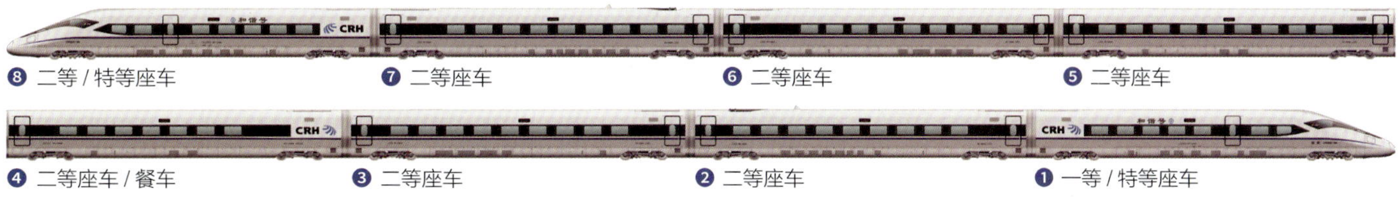

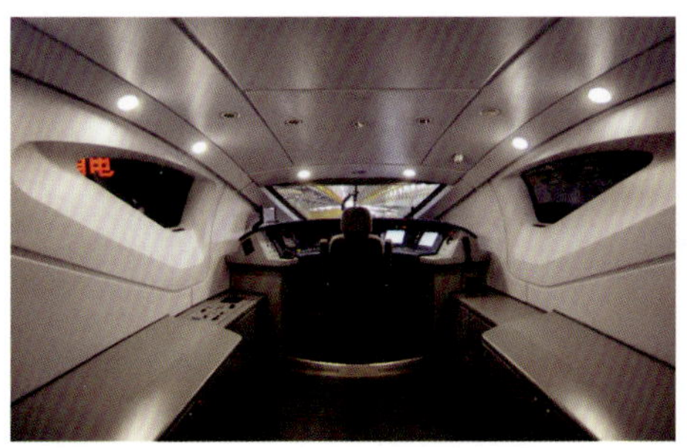

● 驾驶室

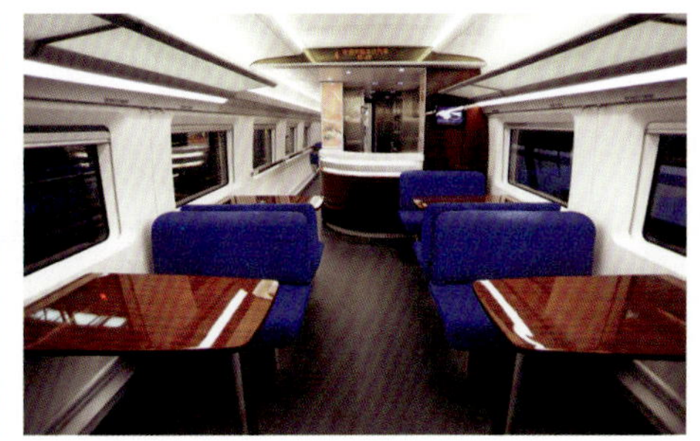

● 餐车就餐席

CRH380D 基本数据	
运营速度	310km/h
牵引功率	10080kW
列车编组	4M4T
列车定员	554~556 人

城际及市域动车组

城际及市域动车组是依托中国高速动车组成熟技术体系，为满足城际或市域铁路间距小、客流量大、旅客乘降频繁运输要求而研制的动车组车型，通常由高速长途动车组技术平台向下逆向研发，亦有部分车型依托既有成熟技术改进而来。因城际及市域动车组涂装丰富、极具地域特色，也成为一道道流动的铁道风景线。

友阿奥特
奢侈品
集合店

CRH6A 型动车组

CRH6A 型动车组是在 CRH2A 基础上研发的短途城际动车组，兼具长途动车组与传统城轨列车的技术优势，载客量大，起停加速度高，可充分满足城际通勤铁路站间距小、客流量大、旅客乘降频繁的运输要求。

CRH6A 采用 4 动 4 拖 8 辆编组，最高运行速度 200km/h，配合专门的客室布局、大尺寸车门等设计，尤为适合近年来新兴的城际通勤铁路运营模式。

CRH6A 基本数据	
运营速度	200km/h
牵引功率	5520kW
列车编组	4M4T
列车定员	477~613 人

● 二等座车

● 折叠座椅

CRH6A 型动车组编组示意图

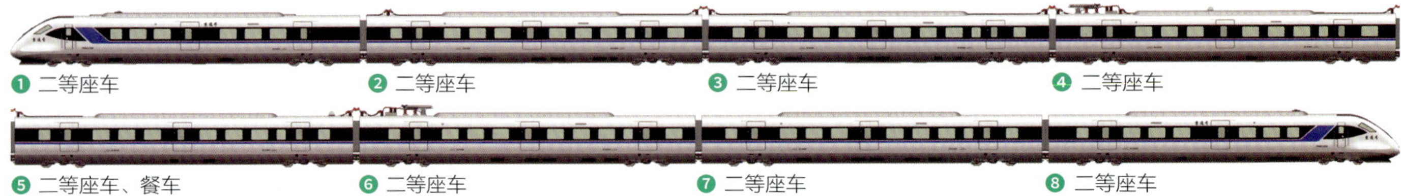
❶ 二等座车　❷ 二等座车　❸ 二等座车　❹ 二等座车
❺ 二等座车、餐车　❻ 二等座车　❼ 二等座车　❽ 二等座车

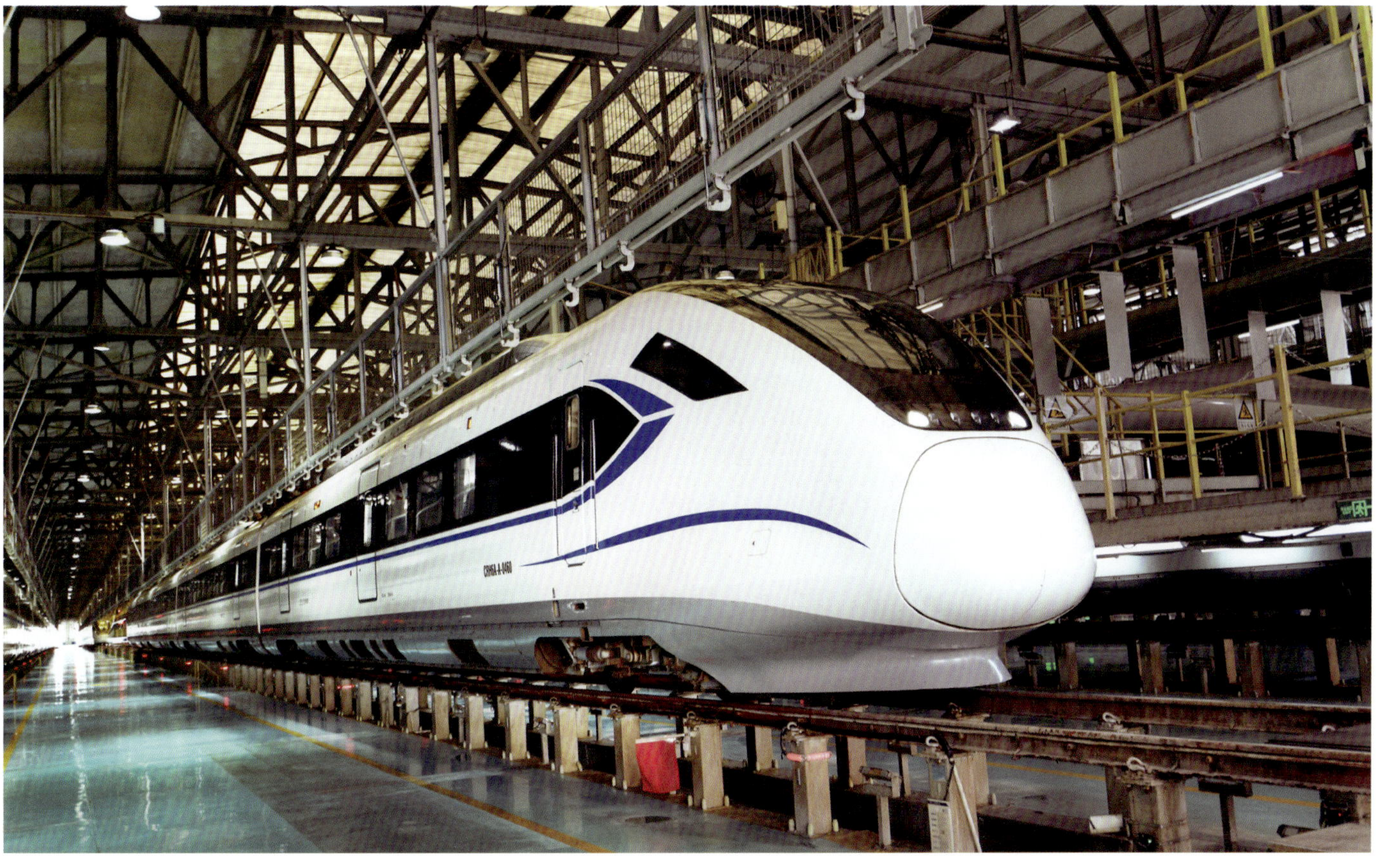

CRH6A-A 型动车组

CRH6A-A 型动车组是在 CRH6A 基础上研制开发的短编组车型，其车型中的 -A 代表 CRH6A 型动车组的第一款衍生车型。列车为 2 动 2 拖的 4 辆编组，全车设 248 个座席，而包含立席的总定员高达 688 人。

目前，CRH6A-A 型动车组全部配属中国铁路成都局集团有限公司成都动车段，以“天府号”的品牌服务成绵、成乐、成灌、成雅等市域和城际铁路。

CRH6A-A 型动车组编组示意图及天府号涂装

❶ 二等座车 ❷ 二等座车 ❸ 二等座车 ❹ 二等座车

❶ 二等座车 ❷ 二等座车 ❸ 二等座车 ❹ 二等座车

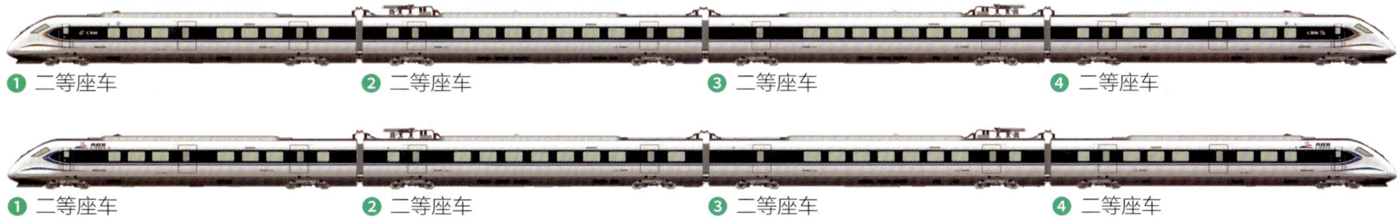

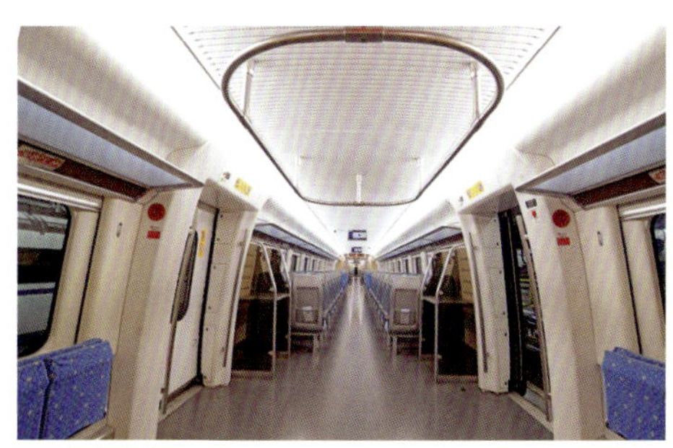

车内空间

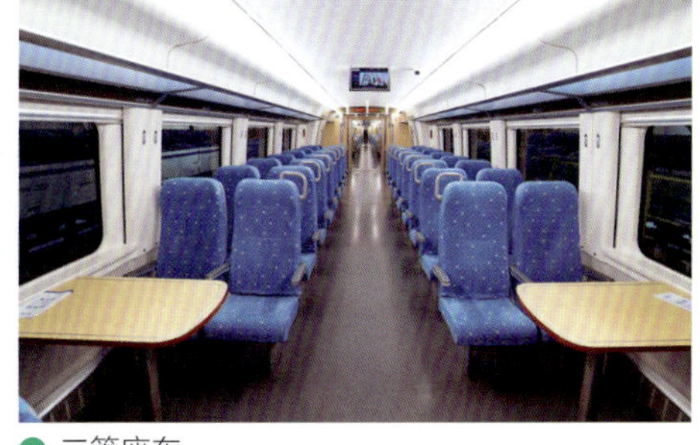

二等座车

CRH6A-A 基本数据	
运营速度	200km/h
牵引功率	2400kW
列车编组	2M2T
列车定员	688 人（含立席）

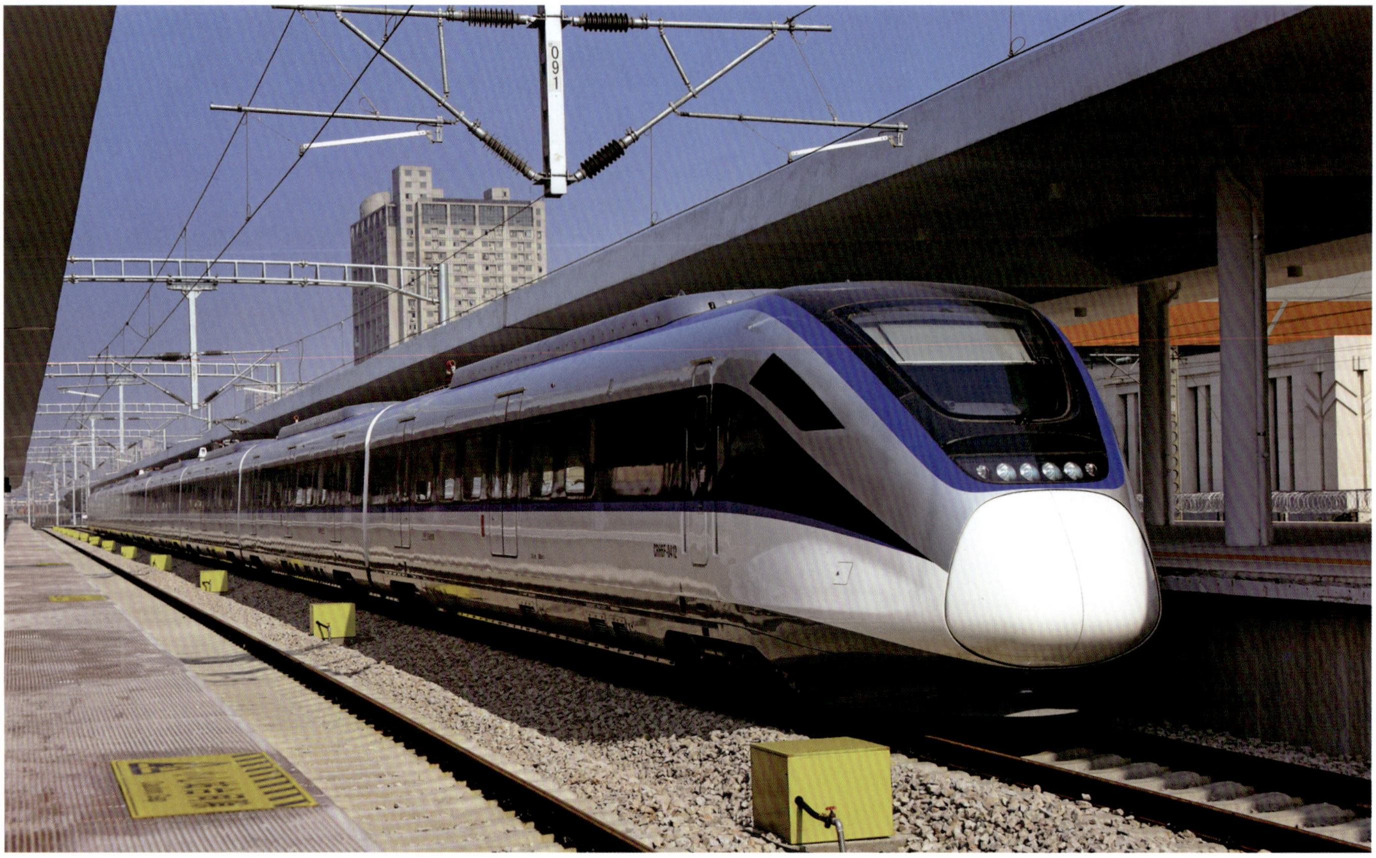

CRH6F 型动车组

CRH6F 型动车组是在 CRH6A 基础上研发的 160km/h 等级市域动车组列车，是中国高速动车组向市域通勤领域衍生发展的成功案例。列车采用 4 动 4 拖 8 辆编组，优异的加减速性能和单位面积下超大的载客空间设计，使其非常适合新兴的城际及市域轨道交通模式。

CRH6F 作为国内首款时速 160 公里级的城际市域动车组，为相邻城市间和城市群内的“互联互通”提供了一种快捷高效的新方式，为我国城市群和区域交通一体化发展发挥重要影响。

CRH6F 基本数据	
运营速度	160km/h
牵引功率	5152kW
列车编组	4M4T
列车定员	1520 人（含立席）

二等座车

驾驶室

CRH6F 型动车组编组示意图

❶ 二等座车 ❷ 二等座车 ❸ 二等座车 ❹ 二等座车

❺ 二等座车 ❻ 二等座车 ❼ 二等座车 ❽ 二等座车

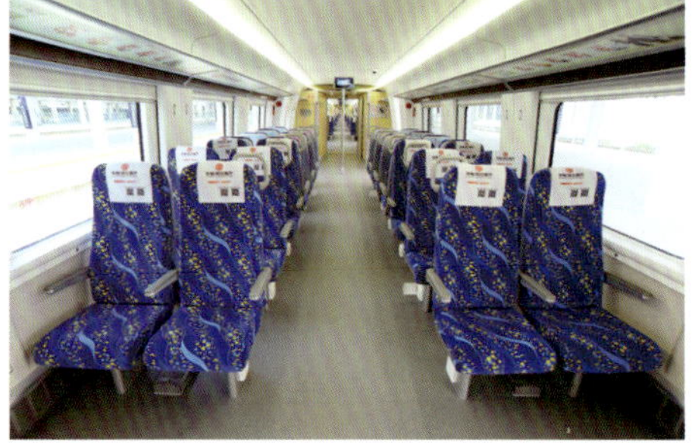

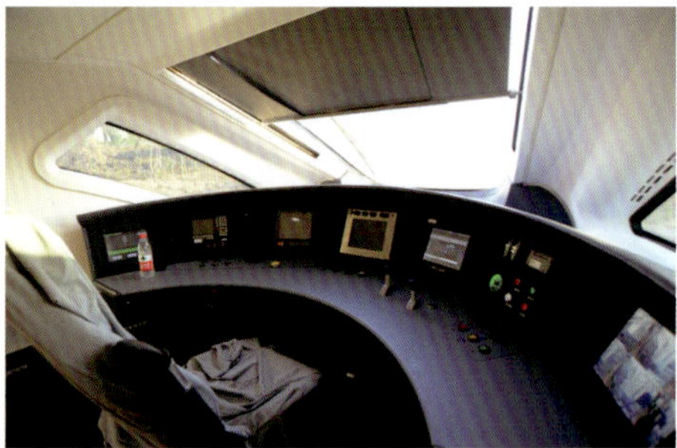

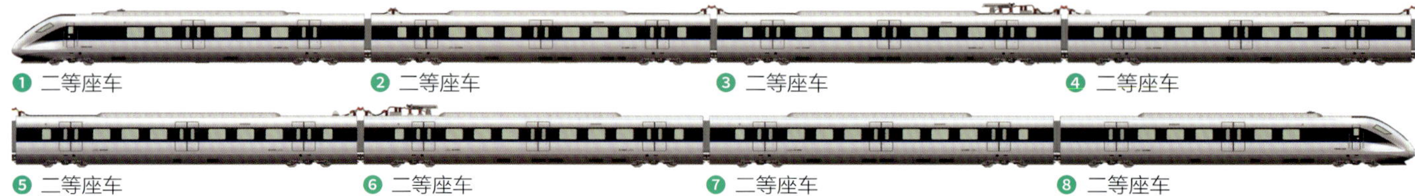

CRH6F-A 型动车组

CRH6F-A 型动车组是 CRH6F 的短编组改进车型，列车缩短为 2 动 2 拖 4 辆编组，最高运行速度维持 160km/h 不变。短编组设计为市域铁路低成本运营和高密度开行创造了条件。

CRH6F-A 型动车组在国内应用非常广泛，北京、绍兴、海口、连云港、阳泉等多个城市都依托 CRH6F-A 开行了市域市郊列车。不同城市亦根据本地文化特色设计了别具地域风情的特色涂装，创意惊艳，个性十足，甚至成为当地独具特色的网红打卡点，成为当地标志性的交通工具。

● 二等座车

● 车内空间

CRH6F-A 基本数据	
运营速度	160km/h
牵引功率	2576kW
列车编组	2M2T
列车定员	663 人（含立席）

CRH6F-A 型动车组编组示意图

❶ 二等座车 ❷ 二等座车 ❸ 二等座车 ❹ 二等座车

CRH6F-A 型动车组涂装（部分）

● 兰亭号涂装（绍兴） ● 花果山美猴王涂装（连云港） ● 三角梅涂装（海口） ● 怀密号涂装（北京）

CRH3A-A 型动车组

CRH3A-A 型动车组是在复兴号 CR300BF 基础上研发制造的城际动车组，并将复兴号智能动车组的智能服务、智能监控、智能运维等功能运用其中，是新一代城际动车组。

CRH3A-A 采用 2 动 2 拖 4 辆编组，最高运营速度 200km/h。通过设置大开度对开车门，加宽车门通道等设计，提升了旅客乘降效率。车厢内 2+2 可旋转座椅加上站立空间，定员可达 672 人，可充分满足城际运营的需要。

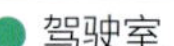

驾驶室

车内空间

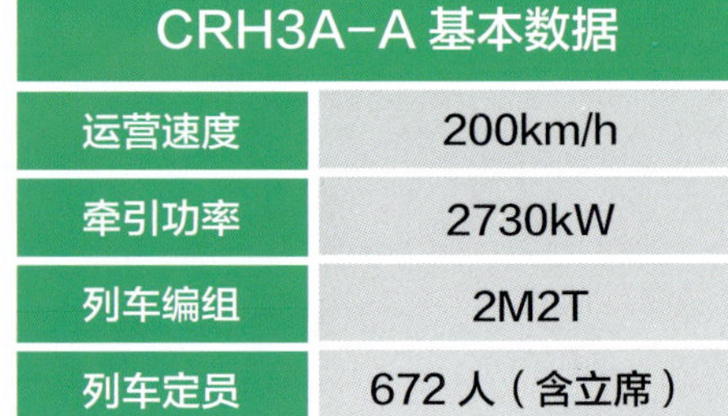

CRH3A-A 基本数据	
运营速度	200km/h
牵引功率	2730kW
列车编组	2M2T
列车定员	672 人（含立席）

二等座车

大件行李存放处

座椅扶手

CJ6 型动车组

CJ6 型动车组是时速 160 公里级城际动车组的又一款典型产品，其基本配置为 2 动 2 拖的 4 辆短编组，额定载客 681 人，最大载客可达 897 人。客流量高峰时，亦可通过重联实现 8 辆编组运营。

CJ6 采用大开度对开塞拉门设计，可实现乘客快速乘降。加上快速起停等特点，能够很好地满足公交化、大客流量、潮汐客流的城际和市域客运运输需求，目前全部应用于长株潭城际铁路。

CJ6 型动车组样车涂装示意图

❶ 座车 ❷ 座车 ❸ 座车 ❹ 座车

CJ6 型动车组长株潭城际涂装示意图

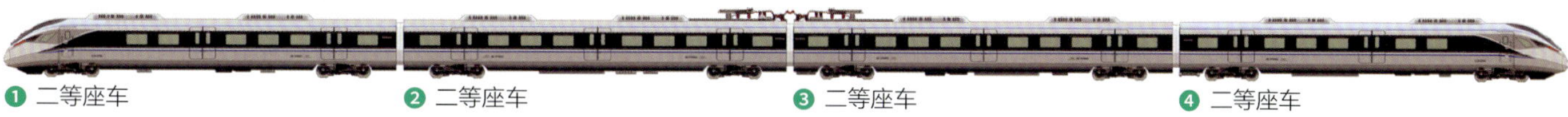

❶ 二等座车 ❷ 二等座车 ❸ 二等座车 ❹ 二等座车

● 二等座车

● 转向架

CJ6 基本数据	
运营速度	160km/h
牵引功率	2000kW
列车编组	2M2T
列车定员	681 人（含立席）

长城号动车组

长城号动车组也称 NDJ3 型内燃动车组，是用于北京市郊铁路 S2 线运营的动力集中式内燃动车组。列车采用 2 动 7 拖设计，车厢内饰融合了部分 CRH 和谐号动车组的设计风格，提高了乘坐的舒适性。

北京市郊铁路 S2 线串联了八达岭长城等著名旅游景区，长城号动车组采用了许多特别的设计，车厢采用超大尺寸车窗，餐车更突破性地采用了落地窗以方便乘客欣赏沿途风景，加宽车门则可应对景区节假日的大规模客流等，是百年京张铁路上一道流动的风景线。

长城号餐车采用大尺寸落地式车窗

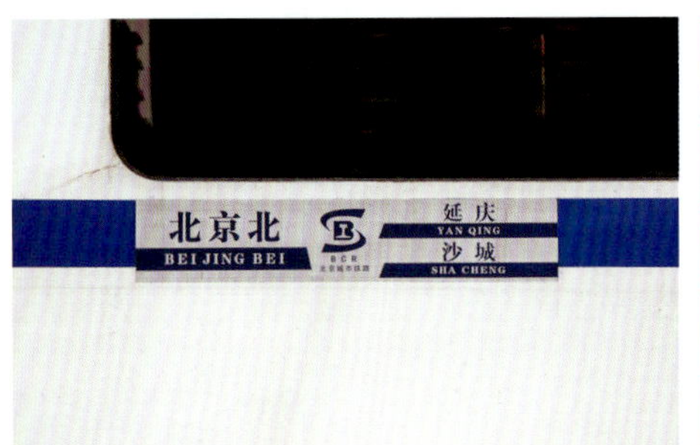

列车早期采用的方向牌

长城号基本数据	
运营速度	160km/h
牵引功率	4000kW
列车编组	2L7T
列车定员	408 人

长城号动车组编组示意图

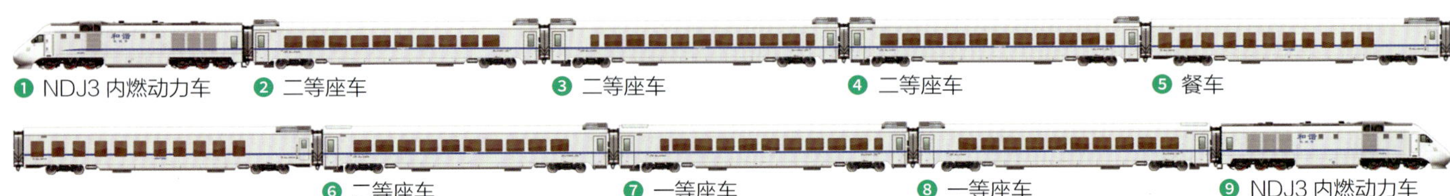

城际及市域动车组外观

CRH6A

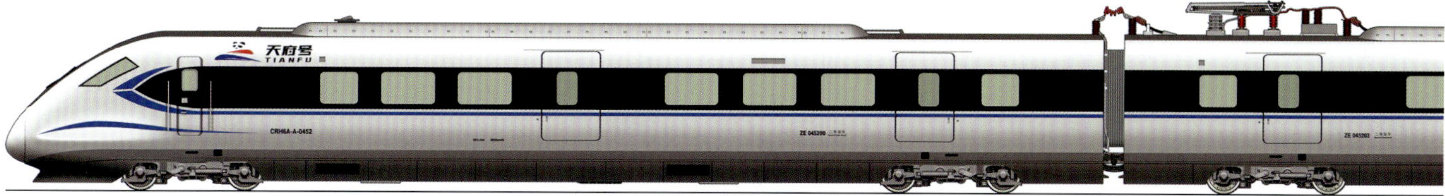

CRH6A-A

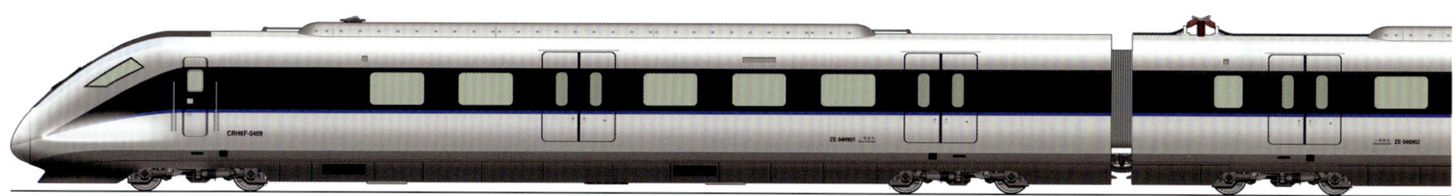

CRH6F

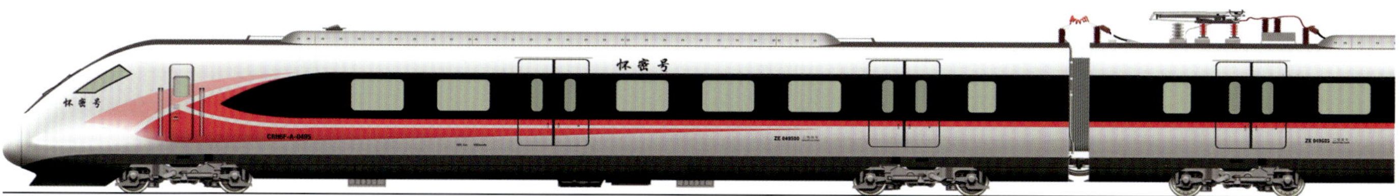

CRH6F-A

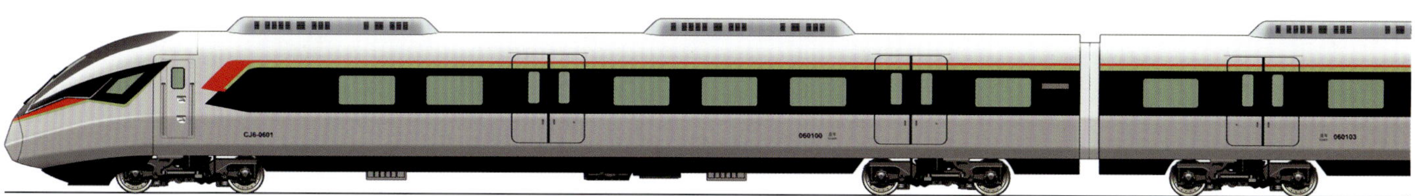

CJ6

NDJ3

高速综合检测列车

高速综合检测列车依托既有动车组技术平台研发生产，具有对轨道、接触网、通信信号等基础设施的综合检测能力，在为既有高速铁路实施定期综合检测的同时，也为新开通高速铁路的联调联试提供技术支持。部分综合检测列车亦兼顾高速动车组新技术的测试与试验需要。由于大部分高速综合检测列车采用醒目的黄色涂装，因此也有着“黄医生”的美誉。

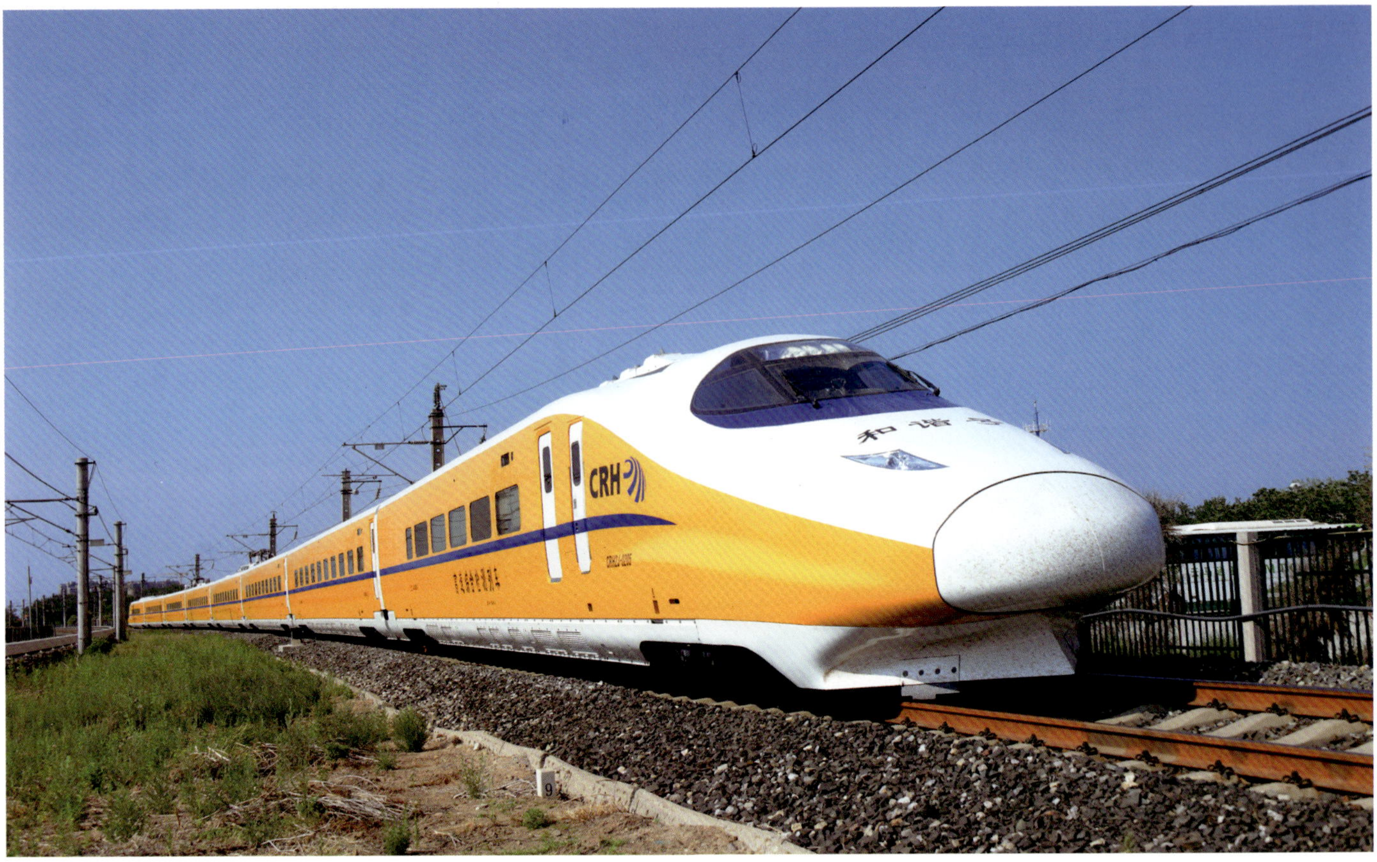

CRH2J 型动车组

CRH2J 型综合检测列车是中国铁路两款时速 200 公里级综合检测列车之一。它可对高速铁路的线路基础、轮轨关系、信号通信、接触网和弓网关系等进行全方面健康状态检测。除此之外，CRH2J 还能够承担新建高速铁路的联调联试和测试试验等工作。

CRH2J 现仅有一列，编号 CRH2J-0205，为 4 动 4 拖 8 辆编组。列车侧面采用黄色涂装，与普通列车区别明显。

CRH2J 基本数据	
设计速度	250km/h
牵引功率	4800kW
列车编组	4M4T

CRH2J 车组号标识

转向架

CRH2J 型动车组编组示意图

❶ 检测车 ❷ 检测车 ❸ 检测车 ❹ 检测车

❺ 检测车 ❻ 检测车 ❼ 检测车 ❽ 检测车

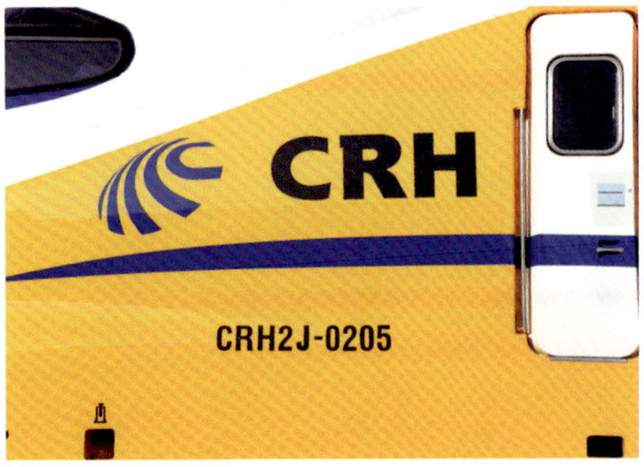

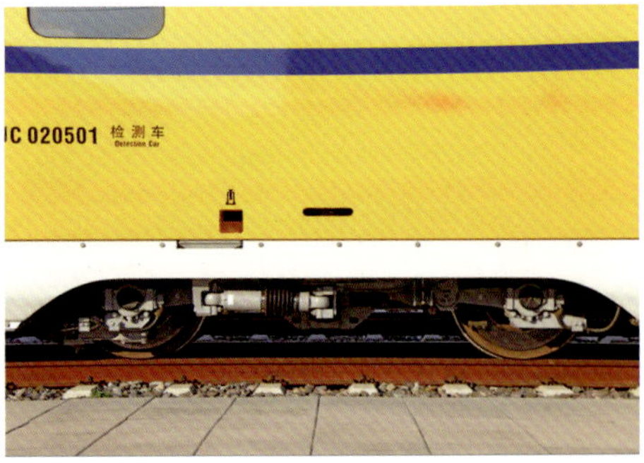

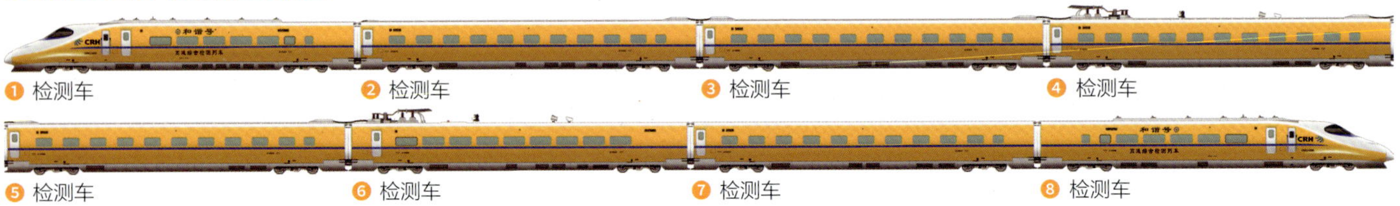

CRH5J 型动车组

CRH5J 型综合检测列车是中国第一款定制制造的综合检测列车，下线初期曾称为“0 号高速综合检测列车”，编号 CRH5J-0501。

CRH5J 采用 5 动 3 拖 8 辆编组，车厢根据用途不同设置为通信信号检测车、会议车、接触网检测车、数据综合处理车、轨道检测车、餐车、卧铺车和信号检测车等。车身亦采用黄色为主的涂装，开创了中国“黄医生”综合检测列车之先河。

CRH5J 型动车组编组示意图

❶ 通信信号检测车 ❷ 会议车 ❸ 接触网检测车 ❹ 数据综合处理车
❺ 轨道检测车 ❻ 餐车 ❼ 卧铺车 ❽ 通信信号检测车

列车头型

转向架

CRH5J 基本数据	
设计速度	250km/h
牵引功率	5500kW
列车编组	5M3T

CRH380AJ 型动车组

CRH380AJ 型综合检测列车是时速 300 公里级综合检测列车的代表车型之一，总计制造和改装 5 列，编号为 CRH380AJ-0201~0203、2808、2818。

CRH380AJ 在 CRH380A 的基础上生产研发，其功能和技术都处于国际领先水平，能够实现对轨道、接触网、轮轨动力学、通信、信号等的实时检测。同时，列车还设有专用网络、定位同步、环境视频信息采集处理、多媒体显示和数据综合处理等系统，可实现信息的集成、共享与综合分析。

CRH380AJ 基本数据	
设计速度	350km/h
牵引功率	11760kW
列车编组	7M1T

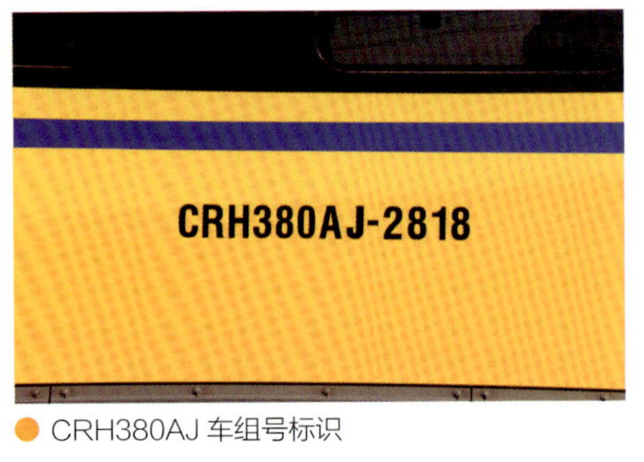

CRH380AJ 车组号标识

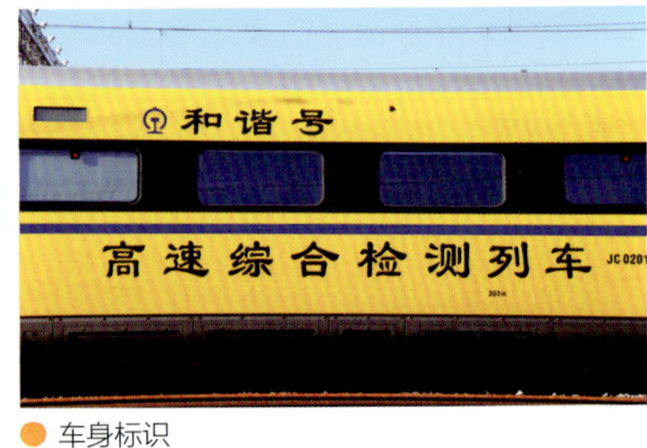

车身标识

CRH380AJ 型动车组编组示意图

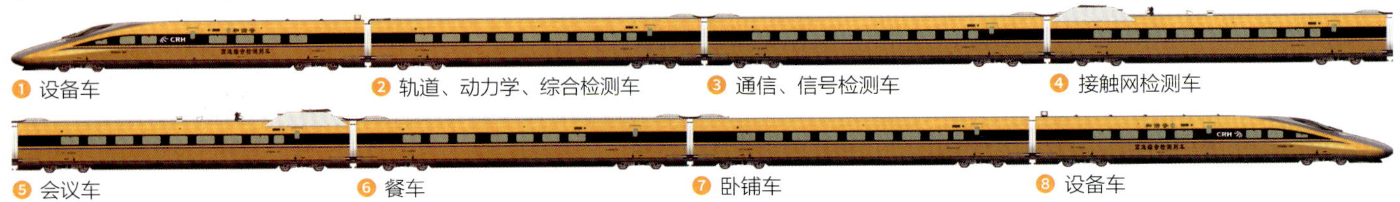
❶ 设备车 ❷ 轨道、动力学、综合检测车 ❸ 通信、信号检测车 ❹ 接触网检测车
❺ 会议车 ❻ 餐车 ❼ 卧铺车 ❽ 设备车

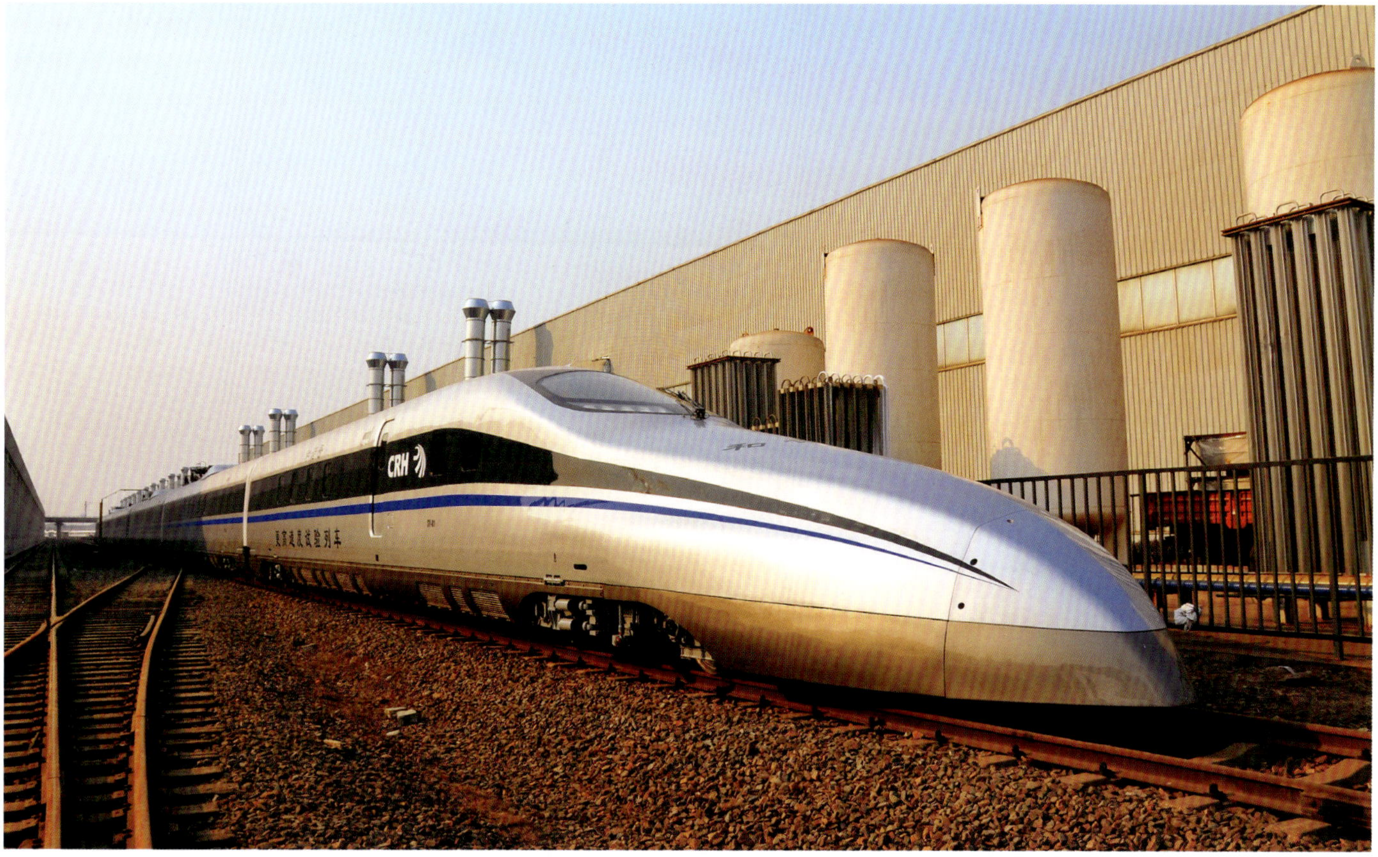

CRH380AM 型动车组

CRH380AM 型高速综合检测列车曾作为“更高速度试验列车”而研发生产，采用 6 辆全动车编组，牵引总功率达到 22800kW。列车头尾车采用了不同头型，可在高速试验时实现头部阻力最小、尾部升力最小的最优技术匹配，是中国高速动车组中最“特立独行”的设计。

除独特的头型外，CRH380AM 还采用了碳纤维、镁合金、新型纳米隔音材料等新技术，在重量减少的情况下加强了车身强度，同时提升了车辆在超高速运行时的降噪隔音性能。

CRH380AM 型动车组编组示意图

❶ 信号检测车　❷ 轨道几何、弓网检测车　❸ 通信、综合检测车

❹ 生活车　❺ 接触网检测车　❻ 信号检测车

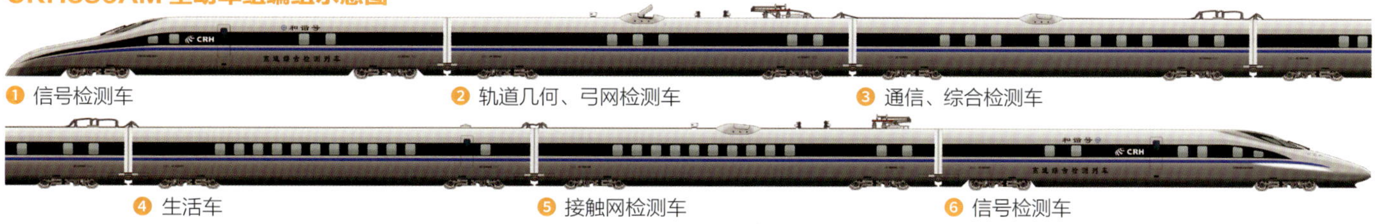

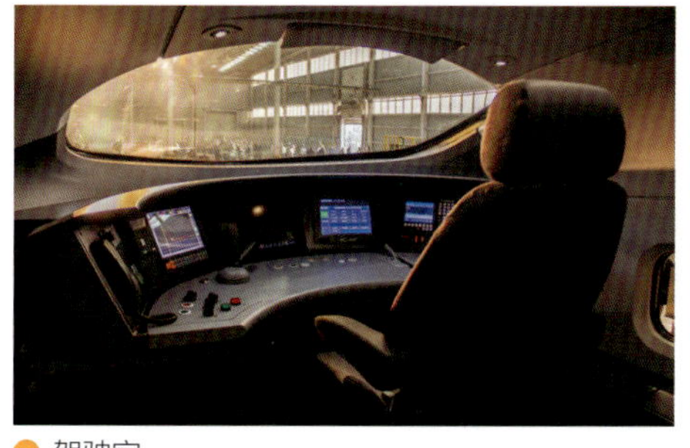

● 驾驶室

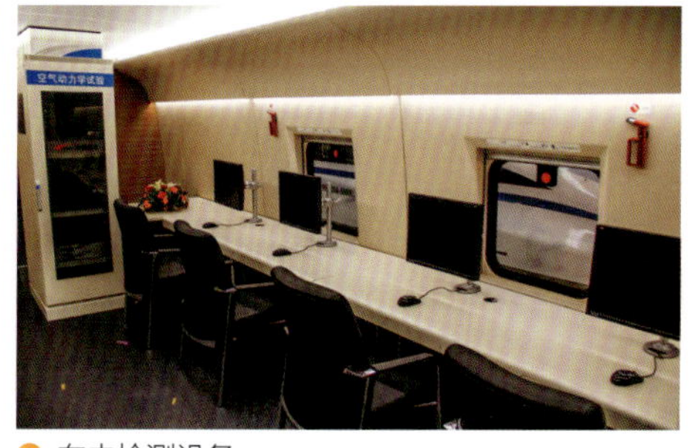

● 车内检测设备

CRH380AM 基本数据	
设计速度	>400km/h
牵引功率	22800kW
列车编组	6M

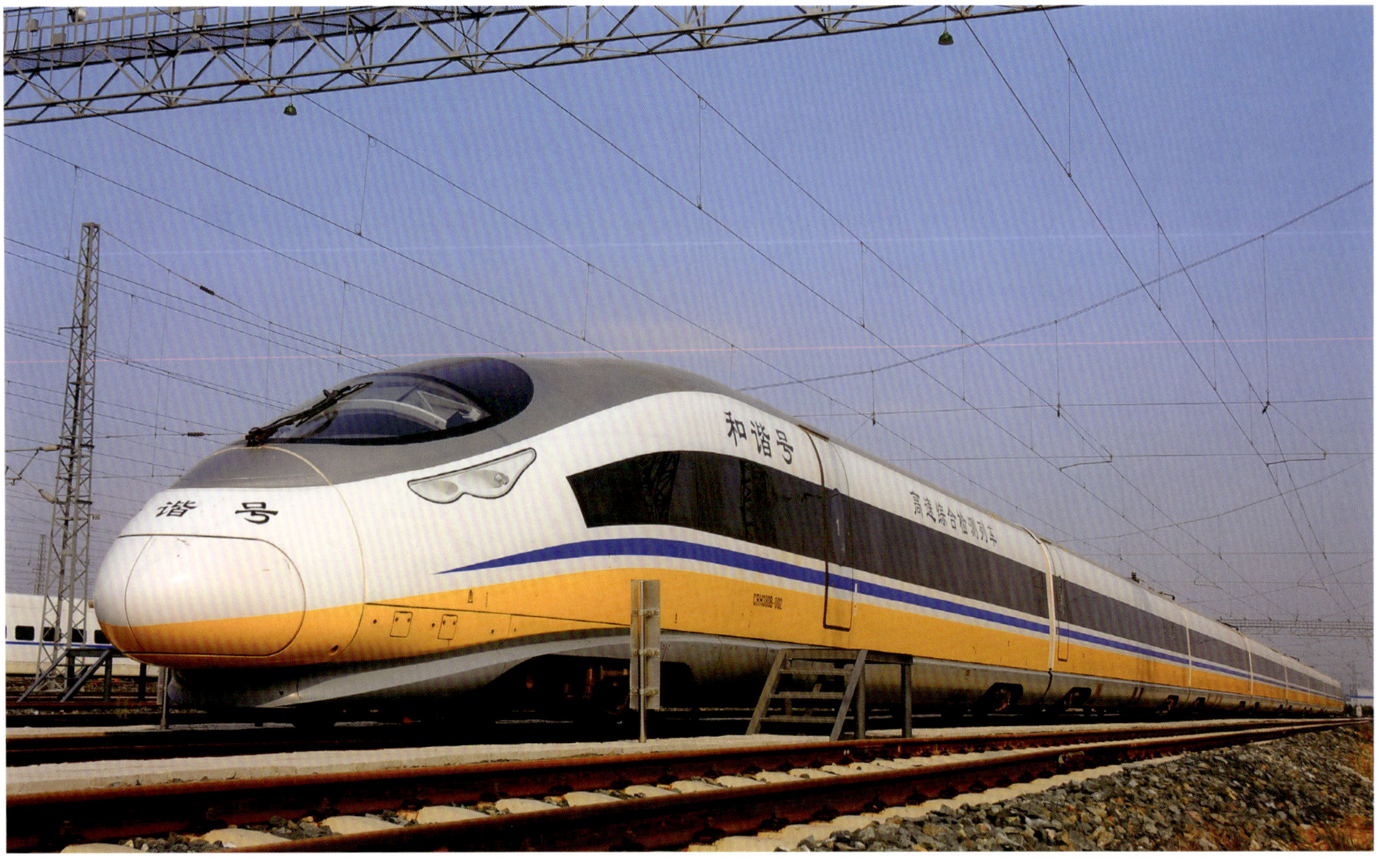

CRH380BJ 型动车组

CRH380BJ 型综合检测列车与 CRH380AJ 同为首批时速 300 公里级综合检测列车，目前只生产了一列，编号为 CRH380BJ-0301。

CRH380BJ 在 CRH380BL 基础上研发生产，但采用了 CRH380CL 的全新头型，8 辆编组亦调整为 6 动 2 拖，具备以 400km/h 运行状态下对高速铁路基础设施进行综合检测的能力。

CRH380BJ 基本数据	
设计速度	350km/h
牵引功率	13800kW
列车编组	6M2T

● 列车正面头部细节

● 转向架

CRH380BJ 型动车组编组示意图

❶ 通信信号检测车　❷ 接触网检测车　❸ 轨道与动力学检测车　❹ 会议车

❺ 设备车　❻ 生活车　❼ 卧铺车　❽ 试验车

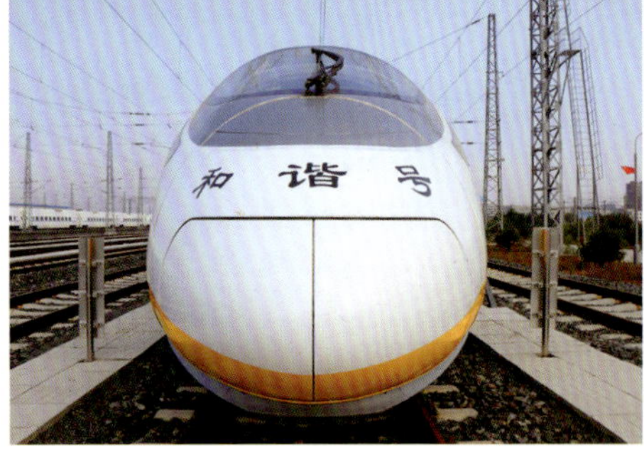

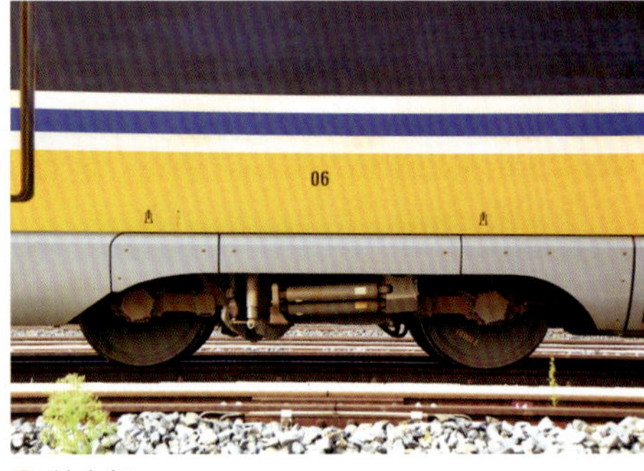

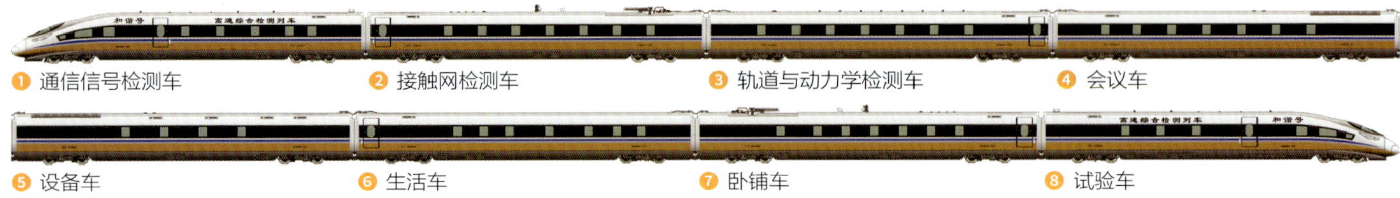

CRH380BJ-A 型动车组

CRH380BJ-A 型综合检测列车是具备高寒地区运行检测能力的时速 300 公里级综合检测列车，目前只生产了一列，编号为 CRH380BJ-A-0504。

CRH380BJ-A 基于 CRH380BG 研制，检测功能与其他高速综合检测列车相同，但检测设备针对高寒运用条件进行了优化和加强，可为东北、西北地区高速铁路冬季安全运行提供有利保障。

CRH380BJ-A 型动车组编组示意图

❶ 检测车 ❷ 检测车 ❸ 检测车 ❹ 检测车
❺ 检测车 ❻ 检测车 ❼ 检测车 ❽ 检测车

● 受电弓

● 转向架

CRH380BJ-A 基本数据	
设计速度	350km/h
牵引功率	9200kW
列车编组	4M4T

CR400BF-J 型动车组

复兴号 CR400BF-J 型综合检测列车是基于 CR400BF 平台研发的全新高速综合检测列车，设计速度 350km/h，最高试验速度可超过 400km/h。列车采用 4 动 4 拖 8 辆编组，车厢按照功能分别布置为集中操作车、检测设备车、餐车、卧铺车、会议车、实验车等。

CR400BF-J 可承担新建高铁线路的联调联试和普通高铁线路日常的巡查检测工作，同时还进行了部分新技术新设备的试验工作，为新一代高速列车进行必要的技术储备。

● 车身标识

● 涡流制动转向架

CR400BF-J 基本数据	
设计速度	350km/h
牵引功率	10140kW
列车编组	4M4T

CR400BF-J 型动车组编组示意图

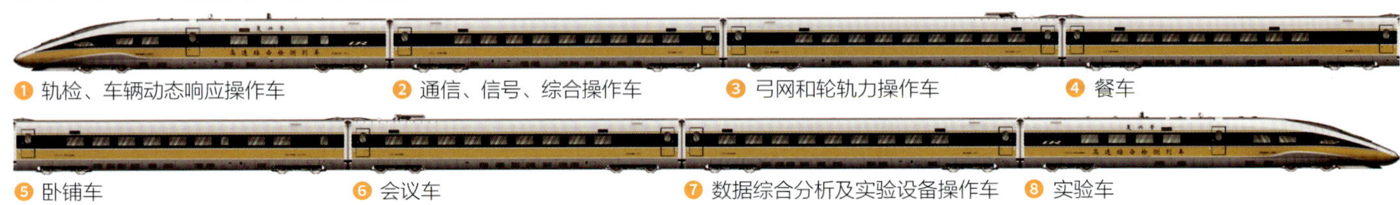

❶ 轨检、车辆动态响应操作车　❷ 通信、信号、综合操作车　❸ 弓网和轮轨力操作车　❹ 餐车

❺ 卧铺车　❻ 会议车　❼ 数据综合分析及实验设备操作车　❽ 实验车

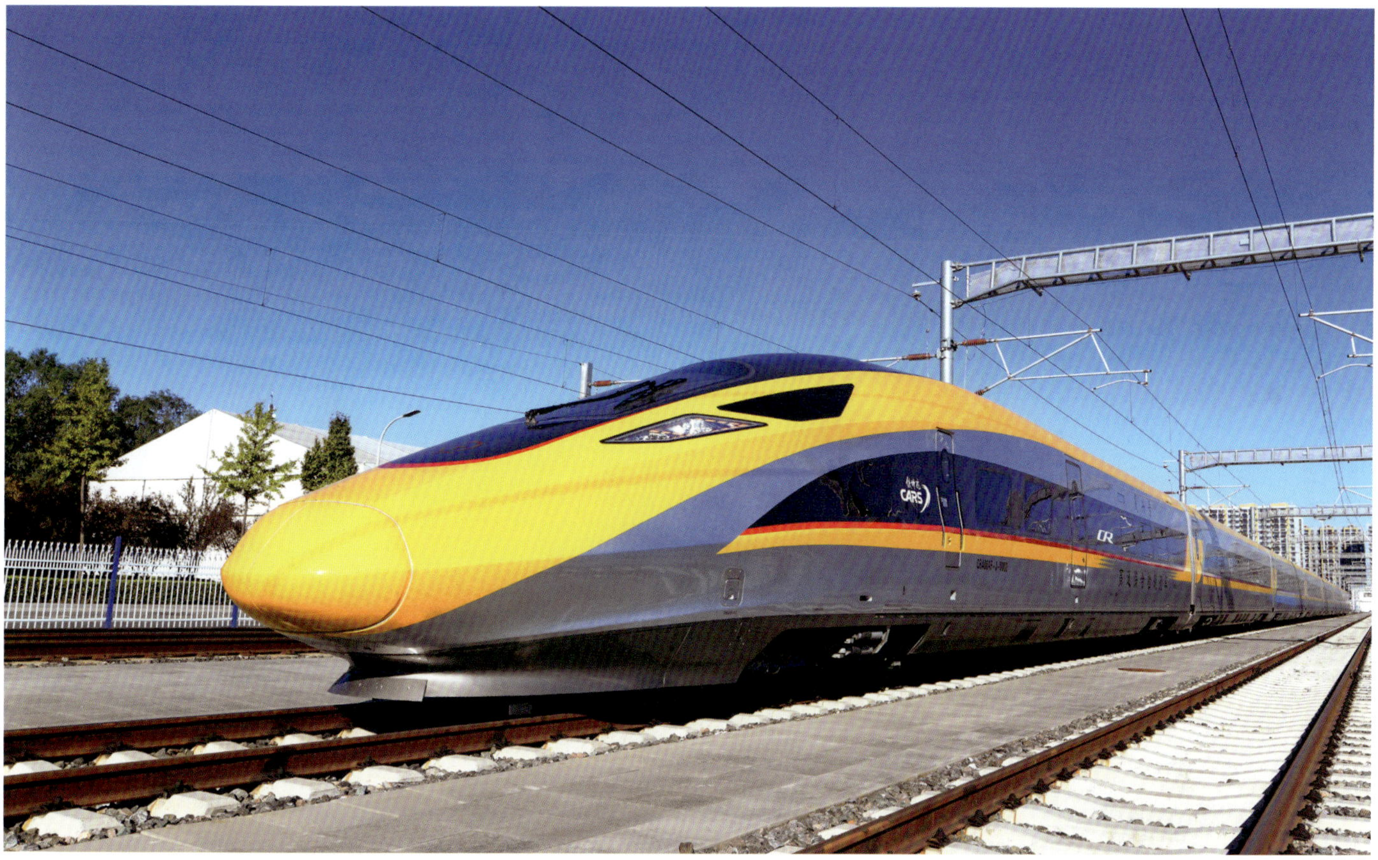

CR400AF-J 型动车组

CR400AF-J 型综合检测列车是基于 CR400AF 平台研发的我国新一代高速综合检测列车，设计速度 350km/h。列车沿用了 CR400AF 的头型，车体涂装则采用了综合检测列车惯用的黄色线条，分外醒目。

2023 年 6 月 28 日，CR400AF-J 在福厦高铁湄洲湾跨海大桥进行性能验证试验，完成了单车最高运行速度 453km/h，相对交会速度 891km/h 等试验科目。

CR400AF-J 型动车组编组示意图

❶ 检测车 ❷ 检测车 ❸ 检测车 ❹ 检测车

❺ 餐车 ❻ 检测车 ❼ 一等座车 ❽ 检测车

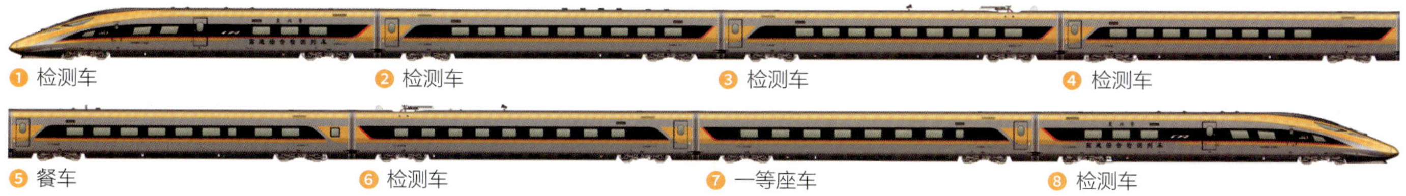

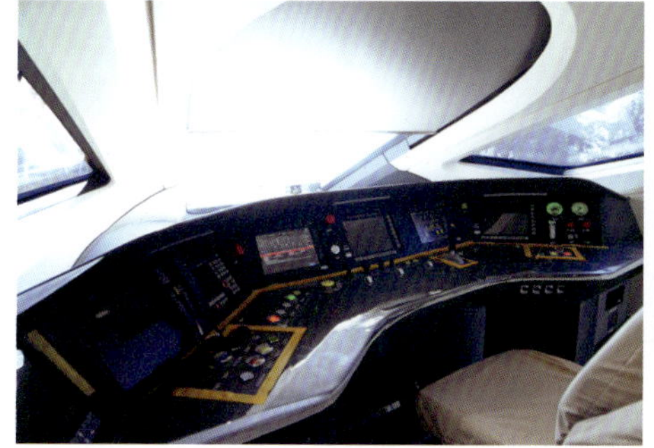

● 驾驶室

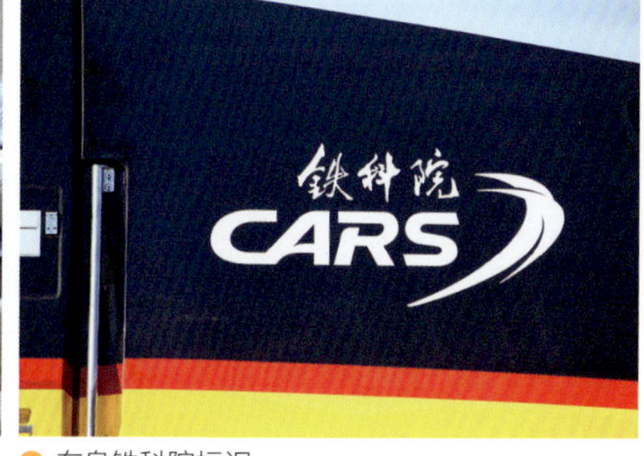

● 车身铁科院标识

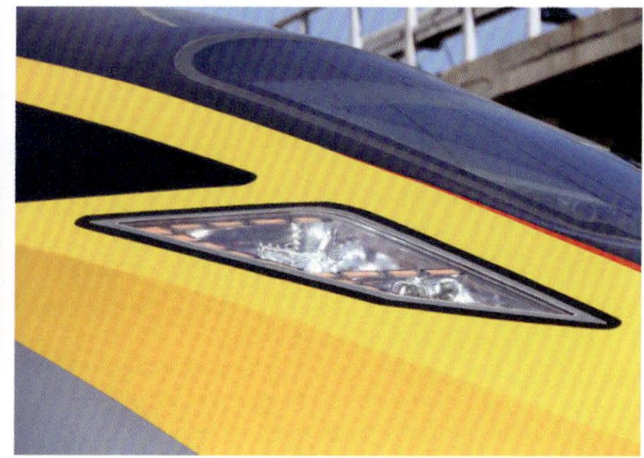

● 列车车灯

水平

试验及试制动车组

除投入运营的动车组外，中国轨道交通装备制造企业在成熟动车组平台基础上，还试制了多款试验动车组，涵盖混合动力、可变编组、高速纵向卧铺、高速货运和可变轨距跨国互联互通等多项新技术、新理念，在实现动车组设计理念创新的同时，为中国高速列车技术进行了更多的技术储备。

CJ2 型动车组

CJ2 型动车组是中车唐山公司根据城际铁路运用特点，在 CRH3C 成熟技术平台基础上研发生产的城际动车组，采用 4 动 4 拖 8 辆编组，定员 622 人，最高运营速度 250km/h。

CJ2 型动车组应用仿生学原理设计了“鲨鱼”头型，可降低运行阻力、能耗和噪声。而起动加速快、制动距离短、具备旅客快速乘降条件等特点，可适应城际和市域铁路运营模式。2013 年，列车曾获中国设计红星奖最高奖项——至尊金奖。

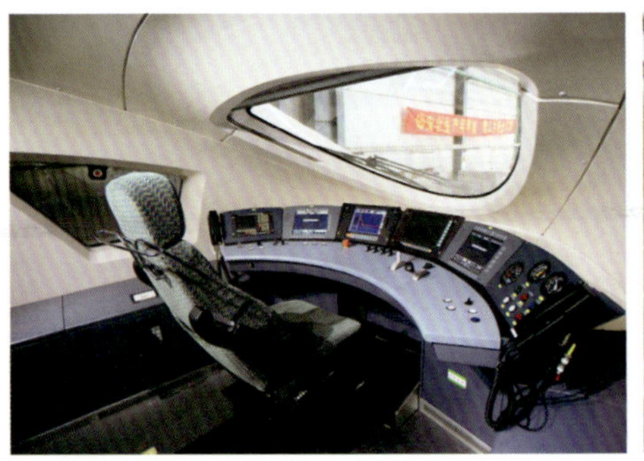
● 驾驶室

● 一等座车

● 餐车吧台

CJ2 型动车组编组示意图

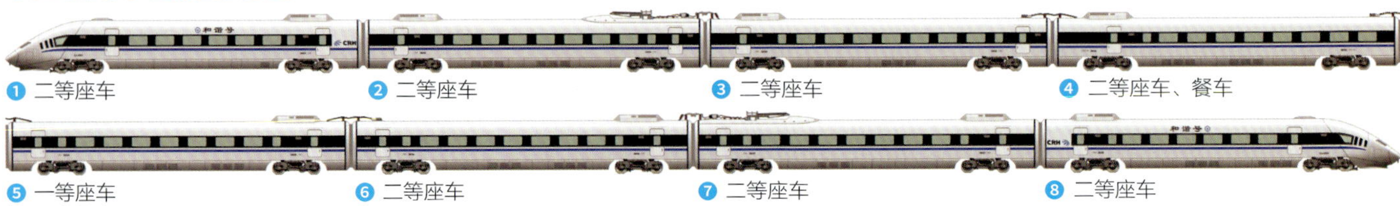
❶ 二等座车 ❷ 二等座车 ❸ 二等座车 ❹ 二等座车、餐车

❺ 一等座车 ❻ 二等座车 ❼ 二等座车 ❽ 二等座车

CJ3 型动车组

CJ3 型动车组是中车唐山公司依托高速动车组技术平台研制的城际动车组，采用 2 动 2 拖 4 辆编组，可灵活扩编至 6 辆或 8 辆，并拥有重联运行功能。列车设计运营速度 160km/h，同时具备升级至 200km/h 的能力。

CJ3 型动车组采用了模块化的部件设计及安装模式，日常保养维修更为方便。同时车体强度和系统部件可靠性都进行了提高，具有维修间隔长、零部件寿命长等优势，有助于在城际和市域铁路的运营中提高车辆出勤率。

CJ3 型动车组编组示意图

❶ 二等座车 ❷ 二等座车 ❸ 二等座车 ❹ 二等座车

● 列车头型

● 列车车门

CJ5 型动车组

CJ5 型动车组是中车长客股份公司研发的混合动力动车组，可实现电气化铁路与非电气化铁路间的跨线直通运行，尤其适用于中心城区与远郊间、城市与卫星城间，甚至相邻城市间利用既有铁路包括非电气化铁路进行通勤运输的需要。

CJ5 型动车组试制有三列样车：CJ5-0505 为接触网 + 动力电池 3 辆编组混动模式；CJ5-0506 为接触网 + 柴油机 3 辆编组混动模式；CJ5-0508 为接触网 + 动力电池 4 辆编组混动模式。

驾驶室

二等座车

固定式座椅

CJ5 型动车组编组示意图

CJ5-0505 混合动力动车组（接触网供电 + 电池供电）

CJ5-0506 混合动力动车组（接触网供电 + 内燃动力）

CJ5E-A 型动车组

CJ5E-A 型动车组是中车长客股份公司 CJ5 型动车组的衍生型号，采用接触网供电 + 动力电池混合动力系统，可在电气化与非电气化路段直通行驶。列车采用 2 动 2 拖 4 辆编组，最高运营速度 160km/h。

CJ5E-A 换用了类似 CRH3A 型动车组的头型，搭配类似 CR400BF 的金色“凤翎”涂装。内饰则采用市域动车组布局的设计，加上单车厢三组双开式车门，适用于旅客快速乘降的城际及市域铁路。

● 列车车灯　● CJ5E-A 车组号标识　● 大开度车门

CJ5E-A 型动车组外观示意图

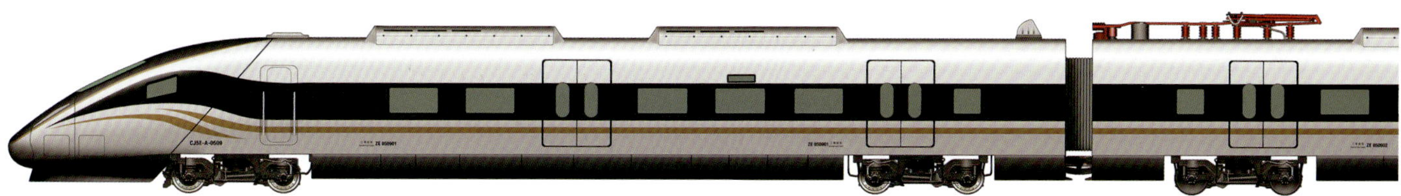

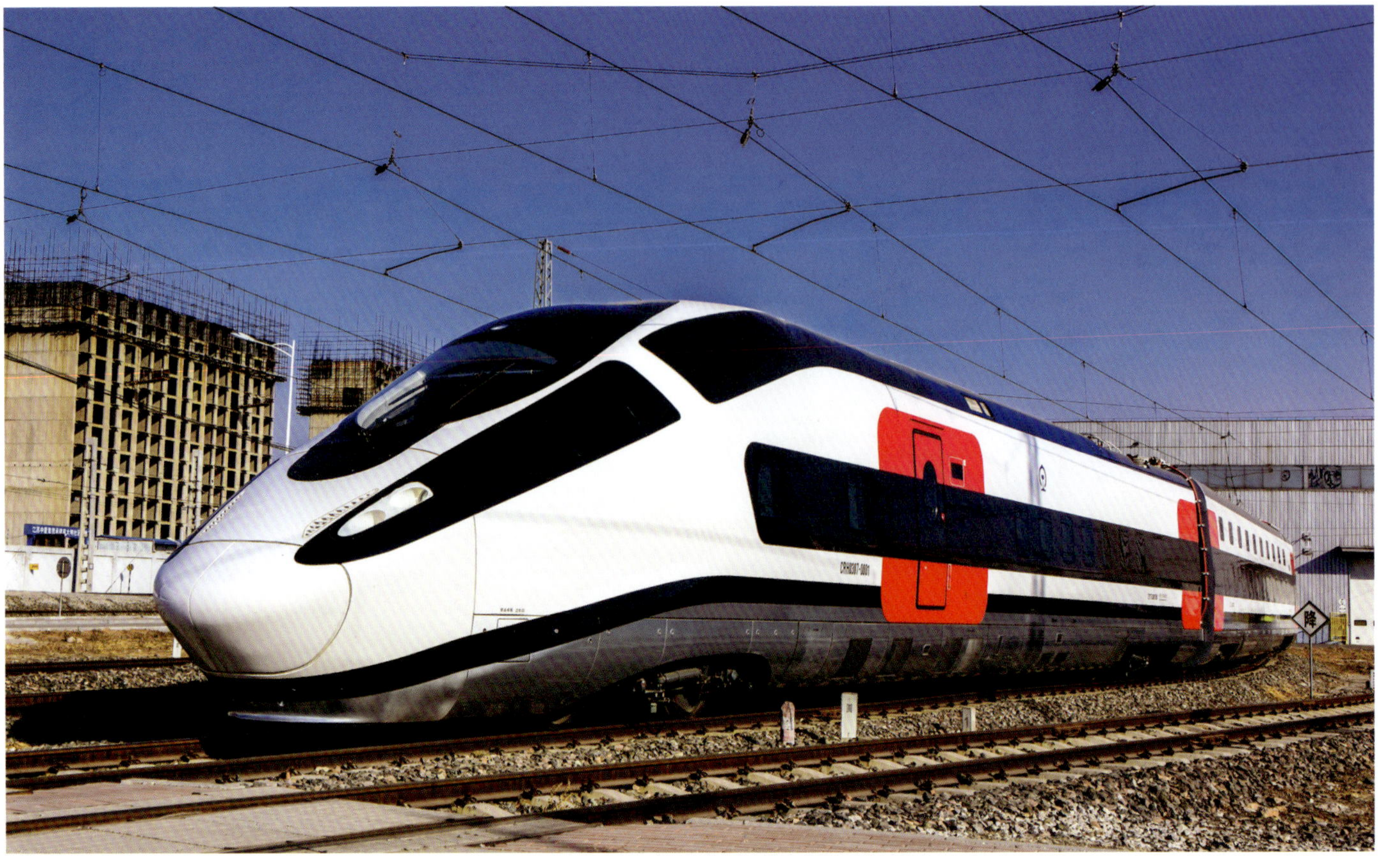

可变编组动车组

可变编组动车组是中车唐山公司研发的极具创意的新一代高速动车组，其最大的技术突破在于实现了牵引动力的单元化集成，即每节动力车都可作为独立的牵引单元，从而实现灵活编组运营。

通过动车和拖车的灵活搭配，可变编组动车组可实现 200~350km/h 不同的速度等级，2~16 辆的任意编组。同时，模块化结构的单、双层座车、卧铺车、餐座车、货座车等不同结构的内饰设计，更可以为运营方提供丰富的选择。

● 商务座车

● 座卧可变式纵向卧铺

● 餐车底部货舱

可变编组动车组编组示意图

❶ 商务 / 特等座车　❷ 硬卧车　❸ 普通座车 / 餐车　❹ 双层商务座车

❺ 双层普通座车　❻ 商务车　❼ 软卧车　❽ 一等 / 特等座车

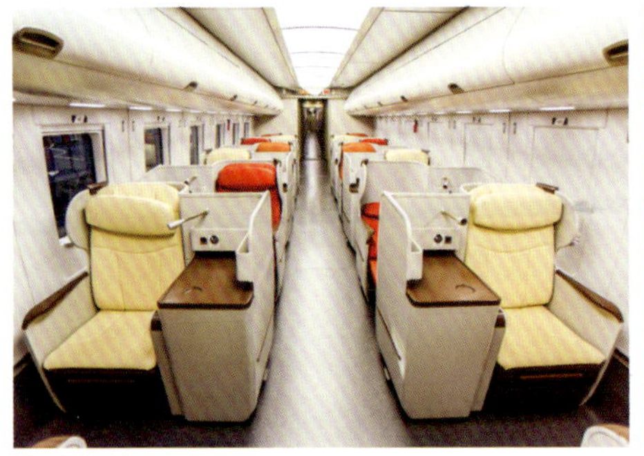

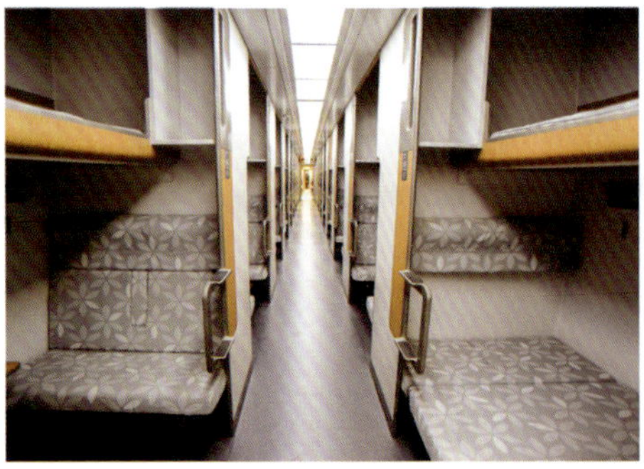

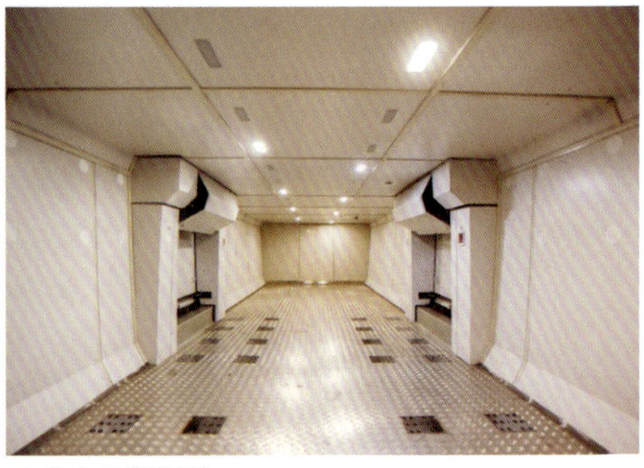

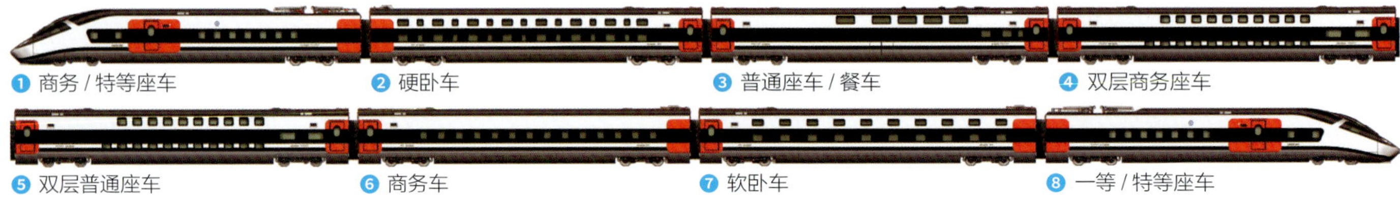

时速 350 公里卧铺动车组

时速 350 公里卧铺动车组是中车唐山公司研发的一款高速卧铺动车组，列车采用 CR400BF 的头型，8 动 8 拖 16 辆编组，全列定员 880 人，最高运营速度 350km/h。

时速 350 公里卧铺动车组是国内首款采用纵向交错式铺位布局的动车组样车，每个铺位都配有单独的车窗、茶桌、电源等功能设备，加上独立铺帘和主被动降噪技术，可为每名旅客提供独立、私密、舒适的休息环境。

卧铺号码牌

软卧代座

车厢内通道

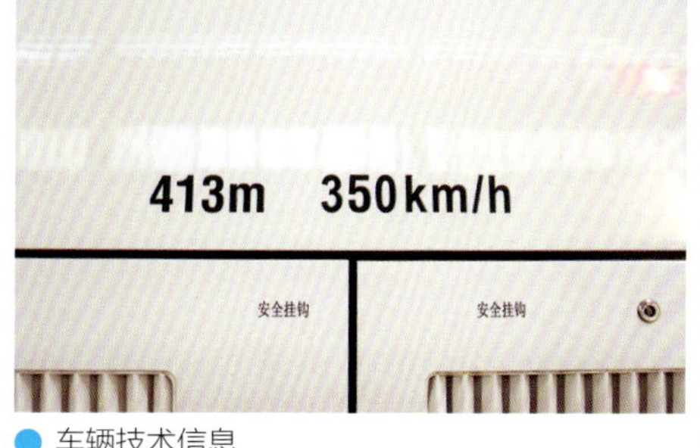

车辆技术信息

采用纵向卧铺布局

高速货运动车组

高速货运动车组是中国中车旗下各企业对高速铁路进行货运这一课题进行的探索，其中，中车唐山公司在 2020 年底试制了一列样车。该样车采用 4 动 4 拖 8 辆编组，最高运行速度 350km/h。列车内部根据快速货运的需要，设计了大开度车门、滑滚地板、地板锁定器等，配合标准的集装器，可实现不同货物的快速装卸。

除中车唐山公司外，中车四方股份公司、中车长客股份公司也对高速货运动车组进行了研究，同时中车四方股份公司还试制了部分的样车。

中车四方制造的高速货运动车组

货舱舱门

货舱内部

高速货运动车组外观示意图

中车唐山制造的高速货运动车组

中车四方制造的高速货运动车组

跨国互联互通高速动车组

跨国互联互通高速动车组是具备可变轨距功能、最高运营速度 400km/h 的新型高速动车组列车。通过使用可变轨距转向架，列车在行进过程中便可完成轨距转换作业，可极大地提高跨国联运效率，降低运输成本。同时，列车还有极强的适应性，能够适应沿途不同气候条件，并可满足不同牵引供电制式和铁路运输标准。

目前，中车长客股份公司和中车唐山公司分别各生产有一组跨国互联互通高速动车组样车，对该型动车组所需的各项技术进行了实车验证，为今后高速铁路跨国互通打下了坚实基础。

跨国互联互通高速动车组外观示意图

中车唐山制造的跨国互联互通高速动车组

中车长客制造的跨国互联互通高速动车组

中车长客制造的跨国动车组（中车长客提供）

头部的全封闭转向架

中间转向架

快速动力集中动车组（Ⅱ型）

快速动力集中动车组（Ⅱ型）是中车株机公司基于成熟大功率交流传动电力机车平台和 CR200J 动力车设计经验，研发试制的时速 200 公里级动力集中动车组列车，试制样车于 2017 年下线。

快速动力集中动车组（Ⅱ型）样车采用动力车 +7 辆中间车 + 控制车的 9 辆编组形式，设计载客 619 人。为兼容既有提速铁路和高速客运专线的不同需求，这款列车还能够根据需要快速灵活调整编组，扩大应用范围。

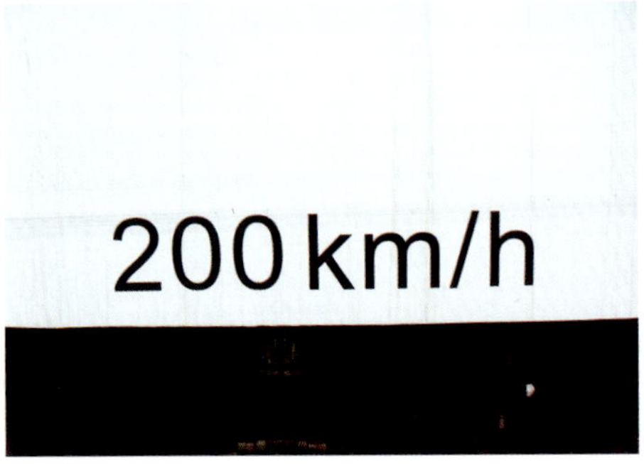

200 km/h

运营速度标识

动力车外观

动力车受电弓

快速动力集中动车组（Ⅱ型）外观示意图

快速动力集中动车组（III 型）

快速动力集中动车组（III 型）是中车株机公司为适应欧洲铁路客运需求，按照欧洲铁路 TSI 标准设计预研制的一款时速 300 公里级动力集中动车组样车。

这款动车组设计运营速度 280km/h，在 2 动 9 拖 11 辆编组状态下，设计定员 537 人。列车还采用了高速轻量化转向架、基于以太网的控制网络一体化等先进技术，可确保高速运行状态下的平稳安全。

列车车灯

动力车转向架

拖车外观

快速动力集中动车组（III 型）外观示意图

时速 200 公里双层动车组

时速 200 公里双层动车组是中车株机公司研发生产的中国首款动力分散双层动车组样车，采用 4 动 4 拖 8 辆编组，设计最高运营速度 250km/h，与同等条件下的单层座席动车组相比，运输能力可提升 20%。

这款动车组采用了多种轻量化材料，并为适应列车高重心研发了新型转向架，可在高速状态下平稳运行。2021 年 5 月，基于这款动车组生产的双层动车组出口奥地利，实现时速 200 公里级动车组出口欧洲零的突破。

列车正面

双层拖车

出口奥地利的双层动车组外观（中车株机提供）

试验及试制动车组

可变编组动车组

高速货运动车组

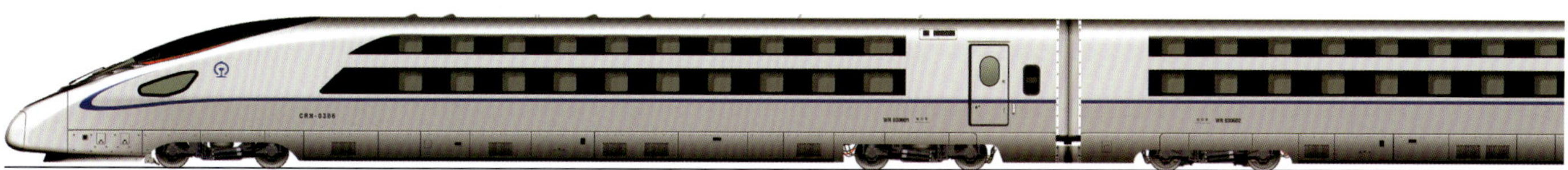

时速 350 公里卧铺动车组

跨国互联互通高速动车组

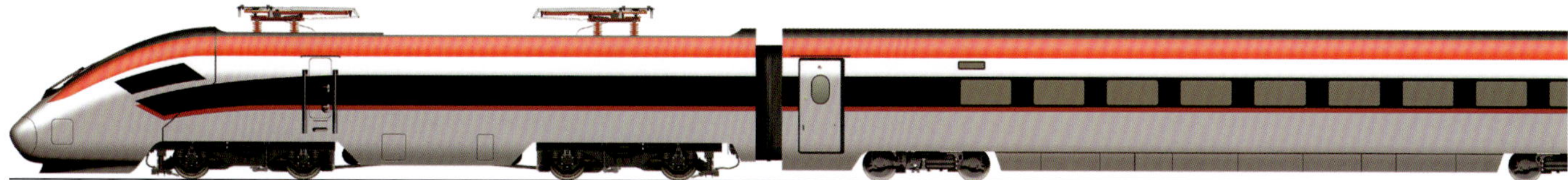

快速动力集中动车组（II 型）

快速动力集中动车组（III 型）

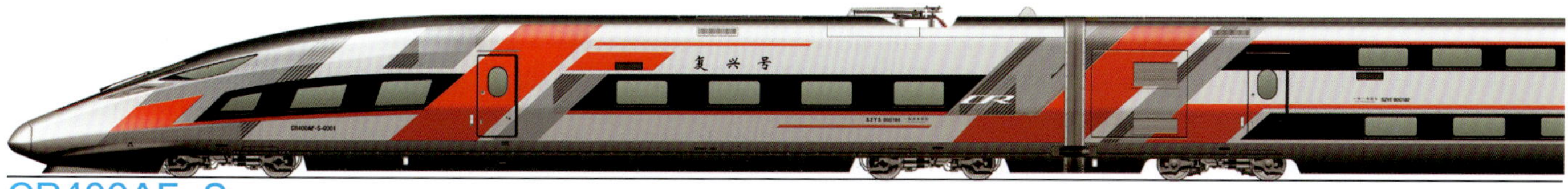

CR400AF-S

中国香港特别行政区和台湾地区高速动车组

中国香港特别行政区和台湾地区亦建有高速铁路系统。其中，香港与内地间依靠广深港高铁贯通。在车辆方面，港铁向中国中车采购了基于 CRH380A 型动车组研制的动感号 CRH380A 型动车组，运行于广深港高铁香港西九龙—深圳北—广州南站间。台湾地区则从日本采购了基于新干线 700 系的 700T 型动车组，在纵贯宝岛南北的台湾高铁上运行。

港铁动感号 CRH380A 型动车组

港铁动感号 CRH380A 型动车组由港铁公司运营，专门用于广深港高铁跨境运输。列车以 CRH380A 型动车组为原型，在保持外观、动拖编组、最高运行速度等主要技术不变的基础上，根据跨境运输需要，在部分细节上进行了提升。

港铁动感号 CRH380A 采用了独特的外观涂装，红白两色组成的波浪形腰线和头尾的橙色弧形纹饰极具动感与活力。内饰设计的色彩和图案更为丰富，整体感觉轻快明亮，有着鲜明的特色。

港铁动感号基本数据	
运营速度	310km/h
牵引功率	9600kW
列车编组	6M2T
列车定员	579 人

● 动感号标识

● 二等座车

港铁动感号 CRH380A 型动车组编组示意图

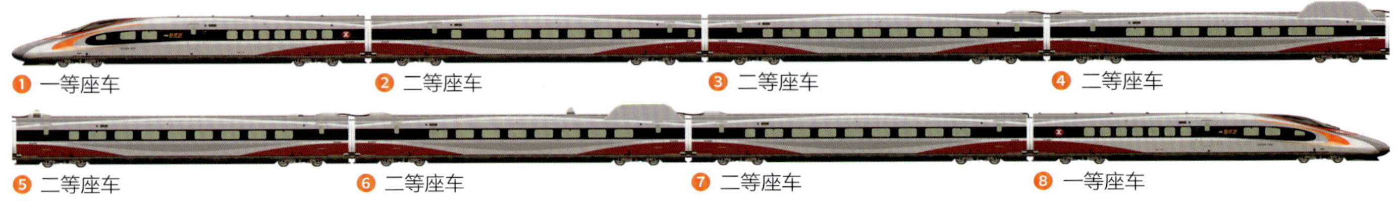
① 一等座车 ② 二等座车 ③ 二等座车 ④ 二等座车
⑤ 二等座车 ⑥ 二等座车 ⑦ 二等座车 ⑧ 一等座车

台湾高铁 700T 型动车组

台湾高铁 700T 型动车组是中国台湾地区使用的高速列车。700T 以日本新干线 700 系为原型，由 JR 东海与 JR 西日本共同研发，川崎重工、日本车辆和日立制作所三家企业承造。

为满足台湾高铁的运营需要，700T 由原型车的 16 辆编组缩减为 9 动 3 拖的 12 辆编组，全列定员 989 人；最高运营速度由原型车的 285km/h 提升至 300km/h；车头则取消了原型车的鸭嘴设计，长度也由 9.2m 缩短至 8m。

左营高铁站整装待发的 700T

商务车厢

700T 基本数据	
运营速度	300km/h
牵引功率	10260kW
列车编组	9M3T
列车定员	989 人

标准车厢

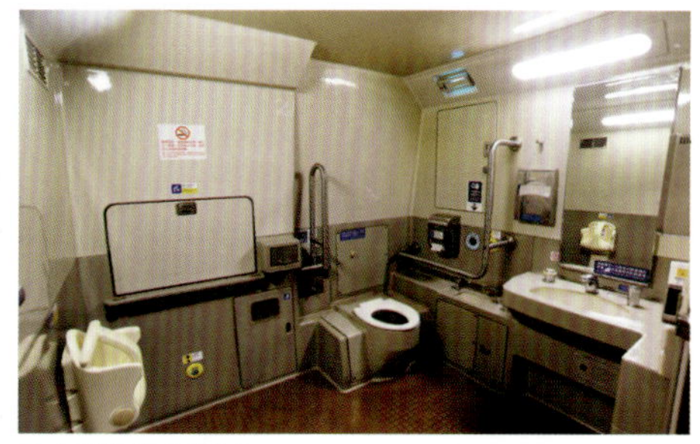
无障碍卫生间

改为手机充电室的电话亭

高速磁浮列车

作为未来高速轨道交通的发展方向之一，高速磁浮列车是世界轨道交通领域的尖端科技成果之一。上海磁浮示范线自 2006 年正式开始商业运营至今，始终是世界唯一正式运营的高速磁浮系统。2021 年，由中国中车承担研制、具有完全自主知识产权的时速 600 公里高速磁浮列车样车下线，为在世界范围抢占磁浮科技竞争制高点打下了坚实的基础。

朝夕 不负韶华
和谐 自由、平等、公正、法治 爱国、敬业、诚信、友善
RESTAURANT·KHIVA
大疆来槟
永和大王
METRO
SMT

上海磁浮列车

上海磁浮列车是世界上第一条商业运营的高速磁浮线路——上海磁浮示范线使用的列车，曾创下 431km/h 的“商业运营中最快的列车”吉尼斯世界纪录。

上海磁浮列车采用的技术为常温常导电磁悬浮型，全线共配属 4 列。其中 3 列为德国原产，均采用 5 辆编组，全车定员 464 人；另有 1 列由中航工业与中车长客股份公司合造的 4 辆编组国产列车。

● 上海磁浮车内速度显示屏　● 贵宾席 　● 普通席

上海磁浮列车外观示意图

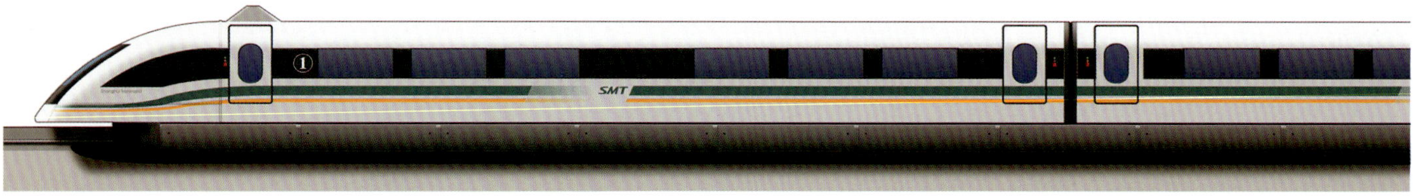

时速 600 公里高速磁浮列车

时速 600 公里高速磁浮列车是中车四方股份公司研发的中国时速 600 公里高速磁浮交通系统的首列工程化列车。列车采用常导电磁磁浮技术，全车由我国自主研制，解决了超高速条件下的空气动力学、气密承载等诸多挑战。

时速 600 公里高速磁浮列车采用 5 辆编组，内部空间宽敞，乘坐舒适。单节载客量可超过百人，并可在 2 到 10 辆范围内灵活编组，满足不同载客量需求。

● 自动驾驶台

● 乘客座车

● 运营速度标识

时速 600 公里高速磁浮列车外观示意图

中国高速铁路网及枢纽示意图

注：本示意图资料截至 2022 年 7 月 1 日

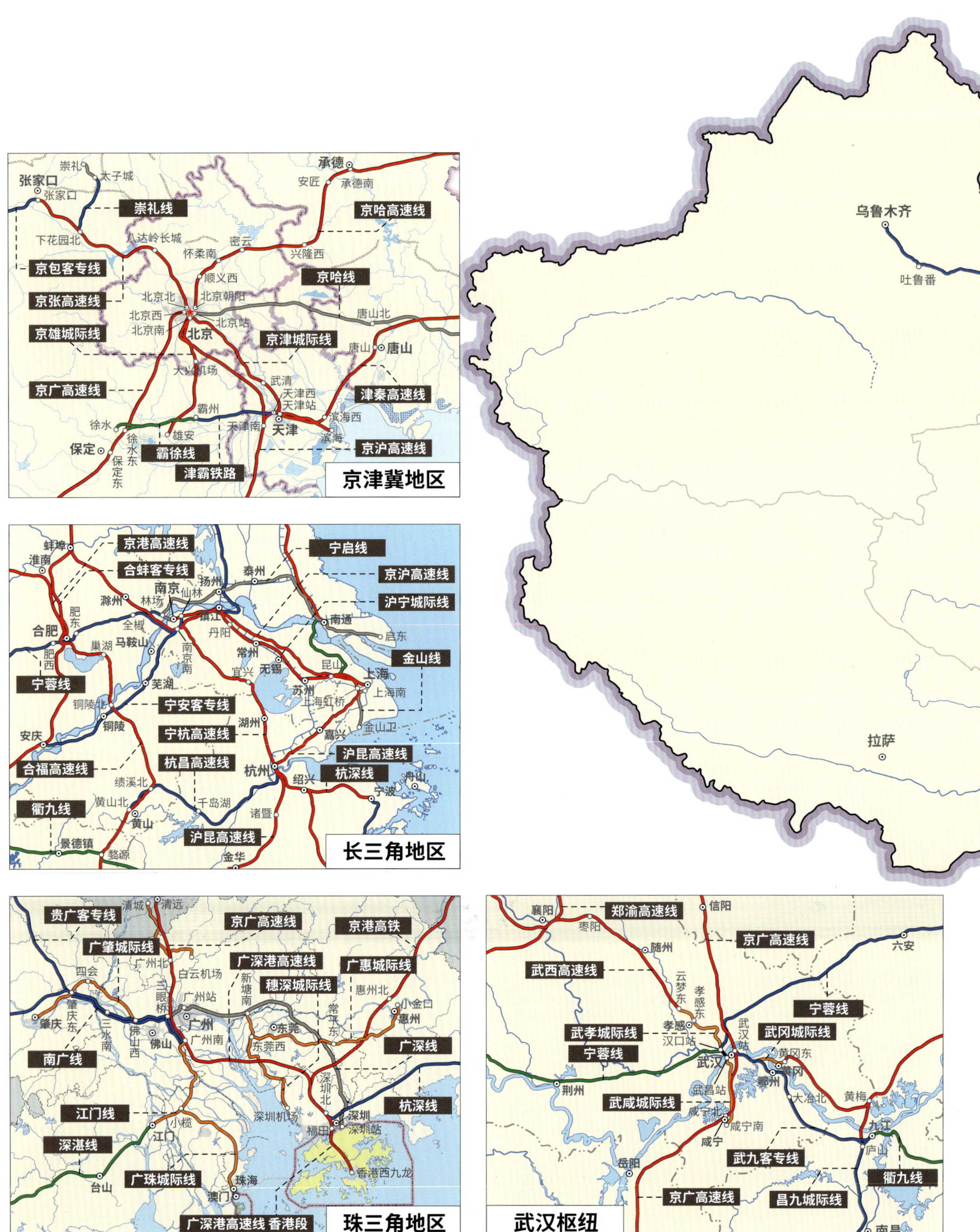

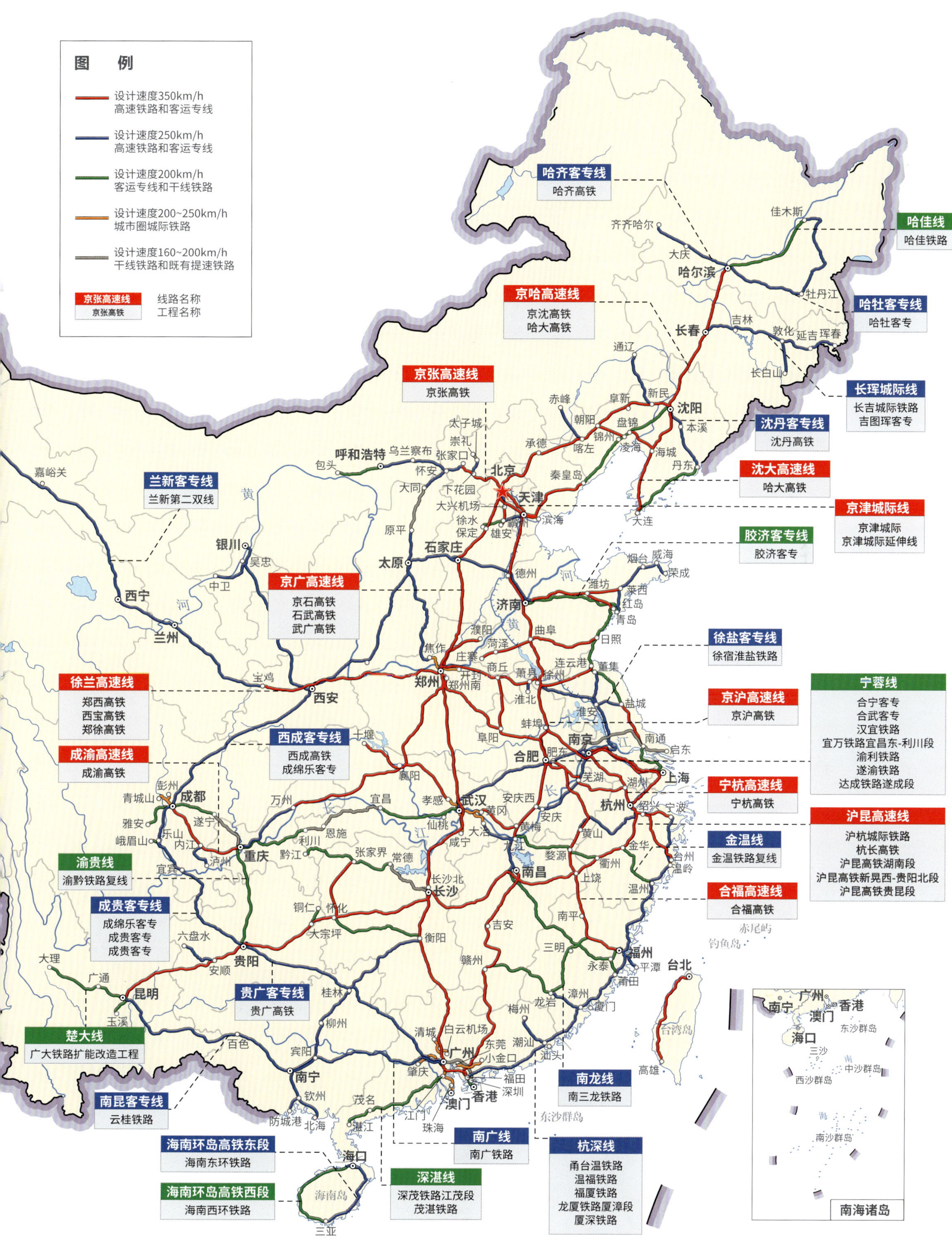

图　例
设计速度350km/h
高速铁路和客运专线
设计速度250km/h
高速铁路和客运专线
设计速度200km/h
客运专线和干线铁路
设计速度200~250km/h
城市圈城际铁路
设计速度160~200km/h
干线铁路和既有提速铁路
京张高速线
京张高铁
线路名称
工程名称
哈齐客专线
哈齐高铁
哈佳线
哈佳铁路
京哈高速线
京沈高铁
哈大高铁
哈牡客专线
哈牡客专
京张高速线
京张高铁
长珲城际线
长吉城际铁路
吉图珲客专
沈丹客专线
沈丹高铁
沈大高速线
哈大高铁
兰新客专线
兰新第二双线
京津城际线
京津城际
京津城际延伸线
胶济客专线
胶济客专
京广高速线
京石高铁
石武高铁
武广高铁
徐盐客专线
徐宿淮盐铁路
徐兰高速线
郑西高铁
西宝高铁
郑徐高铁
宁蓉线
合宁客专
合武客专
汉宜铁路
宜万铁路宜昌东-利川段
渝利铁路
遂渝铁路
达成铁路遂成段
京沪高速线
京沪高铁
西成客专线
西成高铁
成绵乐客专
成渝高速线
成渝高铁
宁杭高速线
宁杭高铁
沪昆高速线
沪杭城际铁路
杭长高铁
沪昆高铁湖南段
沪昆高铁新晃西-贵阳北段
沪昆高铁贵昆段
金温线
金温铁路复线
渝贵线
渝黔铁路复线
合福高速线
合福高铁
成贵客专线
成绵乐客专
成贵客专
成贵客专
贵广客专线
贵广高铁
楚大线
广大铁路扩能改造工程
南昆客专线
云桂铁路
南龙线
南三龙铁路
海南环岛高铁东段
海南东环铁路
南广线
南广铁路
杭深线
甬台温铁路
温福铁路
福厦铁路
龙厦铁路厦漳段
厦深铁路
海南环岛高铁西段
海南西环铁路
深湛线
深茂铁路江茂段
茂湛铁路
南海诸岛

中国动车修造运用单位分布示意图

注：本示意图内容信息截至 2022 年 1 月 1 日

中国铁路动车段名称	所属集团公司
哈尔滨动车段	哈尔滨
沈阳动车段	沈阳
北京动车段	北京
郑州动车段	郑州
武汉动车段	武汉
西安动车段	西安
青岛动车段	济南
上海动车段	上海
南京动车段	上海
福州动车段	南昌
广州动车段	广州
成都动车段	成都

中国铁路动车运用所名称	所属集团公司
齐齐哈尔动车运用所	哈尔滨
哈尔滨西动车运用所	哈尔滨
牡丹江动车运用所	哈尔滨
沈阳北动车运用所	沈阳
沈阳南动车运用所	沈阳
长春西动车运用所	沈阳
大连北动车运用所	沈阳
通辽动车运用所	沈阳
北京动车运用所	北京
北京西动车运用所	北京
北京南动车运用所	北京
北京北动车运用所	北京
雄安动车运用所	北京
北京朝阳动车运用所	北京
石家庄动车运用所	北京
天津动车运用所	北京
太原动车运用所	太原
呼和浩特东动车运用所	呼和浩特
郑州东动车运用所	郑州
郑州南动车运用所	郑州
武汉动车运用所	武汉
汉口动车运用所	武汉
襄阳动车运用所	武汉
西安北郑西动车运用所	西安
西安北西成动车运用所	西安
西安北银西动车运用所	西安
济南动车运用所	济南
青岛动车运用所	济南
青岛北动车运用所	济南
济南东动车运用所	济南
临沂北动车运用所	济南
南翔动车运用所	上海
上海南动车运用所	上海
上海虹桥动车运用所	上海
杭州动车运用所	上海
南京动车运用所	上海
南京南动车运用所	上海
合肥南动车运用所	上海
徐州东动车运用所	上海
南通动车运用所	上海
南昌动车运用所	南昌
南昌西第一动车运用所	南昌
南昌西第二动车运用所	南昌
福州动车运用所	南昌

香港及台湾地区动车组运用单位名称	所属企业
港铁石岗车厂	香港铁路有限公司
台湾高铁高雄燕巢总机厂	台湾高速铁路股份有限公司
台湾高铁台中乌日基地	台湾高速铁路股份有限公司
台湾高铁高雄左营基地	台湾高速铁路股份有限公司

中国铁路动车运用所名称	所属集团公司
福州南动车运用所	南昌
龙岩动车运用所	南昌
厦门北动车运用所	南昌
广州东动车运用所	广州
广州南动车运用所	广州
广珠动车运用所	广州
深圳北动车运用所	广州
长沙动车运用所	广州
长沙城际动车运用所	广州
三亚动车运用所	广州
佛山西动车运用所	广州
佛山西城际动车运用所	广州
惠州城际动车运用所	广州
潮州动车运用所	广州
海口城际动车运用所	广州
南宁动车运用所	南宁
桂林动车运用所	南宁

中国铁路动车运用所名称	所属集团公司
成都东动车运用所	成都
贵阳北动车运用所	成都
重庆北动车运用所	成都
重庆西动车运用所	成都
昆明动车运用所	昆明
兰州西动车运用所	兰州
银川动车运用所	兰州
乌鲁木齐动车运用所	乌鲁木齐
西宁动车运用所	青藏公司

地方所属动车运用所名称	所属企业
龙塘动车运用所	广东城际铁路运营有限公司

图　例
中车长春轨道客车股份有限公司
动车组修造企业名称
京 北京动车段
动车段名称及所属集团公司
京 北京动车运用所
动车运用所名称及所属集团公司
地 龙塘动车运用所
地方所属动车运用所名称
港铁石岗车厂
香港及台湾地区动车组运用、检修单位
哈 齐齐哈尔动车运用所
齐齐哈尔
哈 哈尔滨动车段
哈 哈尔滨西动车运用所
哈尔滨
牡丹江
哈 牡丹江动车运用所
中车长春轨道客车股份有限公司
沈 长春西动车运用所
长春
通辽
沈 通辽动车运用所
京 北京动车段
京 北京动车运用所
京 北京西动车运用所
京 北京南动车运用所
京 北京北动车运用所
京 北京朝阳动车运用所
沈 沈阳动车段
沈 沈阳北动车运用所
沈 沈阳南动车运用所
呼 呼和浩特东动车运用所
呼和浩特
北京
唐山
中车唐山机车车辆有限公司
大连
沈 大连动车运用所
天津
京 天津动车运用所
京 雄安动车运用所
雄安
兰 银川动车运用所
银川
太 太原动车运用所
石家庄
太原
京 石家庄动车运用所
中车青岛四方机车车辆股份有限公司
青岛四方阿尔斯通铁路运输设备有限公司
青 西宁动车运用所
西宁
兰州
兰 兰州西动车运用所
济 济南动车运用所
济 济南东动车运用所
济南
青岛
济 青岛动车段
济 青岛动车运用所
济 青岛北动车运用所
济 临沂北动车运用所
临沂
西 西安动车段
西 西安北郑西动车运用所
西 西安北西成动车运用所
西 西安北银西动车运用所
西安
郑州
郑 郑州动车段
郑 郑州东动车运用所
郑 郑州南动车运用所
徐州
上 徐州东动车运用所
上 南京动车段
上 南京动车运用所
上 南京南动车运用所
上 南通动车运用所
南通
中车南京浦镇车辆有限公司
成 成都动车段
成 成都东动车运用所
武 襄阳动车运用所
襄阳
合肥
上 合肥南动车运用所
南京
上海
上 上海动车段
上 南翔动车运用所
上 上海南动车运用所
上 上海虹桥动车运用所
上 杭州动车运用所
中车成都机车车辆有限公司
成都
武 武汉动车段
武汉
杭州
武 武汉动车运用所
武 汉口动车运用所
南 南昌动车运用所
南 南昌西第一动车运用所
南 南昌西第二动车运用所
南昌
重庆
成 重庆北动车运用所
成 重庆西动车运用所
长沙
株洲
广 长沙动车运用所
广 长沙城际动车运用所
中车株洲电力机车有限公司
南 福州动车段
福州
南 福州动车运用所
南 福州南动车运用所
赤尾屿
钓鱼岛
成 贵阳北动车运用所
贵阳
南 龙岩动车运用所
台北
台湾高铁台中乌日基地
昆 昆明动车运用所
昆明
桂林
广 惠州城际动车运用所
龙岩
厦门
台中
宁 桂林动车运用所
地 龙塘动车运用所
南 厦门北动车运用所
潮州
广 潮州动车运用所
台湾岛
台南
高雄
台湾高铁高雄燕巢总机厂
台湾高铁高雄左营基地
宁 南宁动车运用所
南宁
清远
佛山
广州
惠州
深圳
广 深圳北动车运用所
江门
香港
港铁石岗车厂
澳门
广 佛山西动车运用所
广 佛山西城际动车运用所
东沙群岛
广 广州动车段
广 广州东动车运用所
广 广州南动车运用所
广 广珠动车运用所
广 海口城际动车运用所
海口
海南岛
三亚
广 三亚动车运用所
中车广东轨道交通车辆有限公司
黄
河
南海诸岛
东沙群岛
西沙群岛
中沙群岛
南沙群岛
三沙

鸣 谢

本书能够顺利完成，首先感谢铁道视界团队的同仁罗一童和吕彪先生。罗一童先生不仅完成了整本图书的版面设计和地图绘制，还绘制了正文和书后折页中所有动车组的编组示意图。吕彪先生则在我初稿基础上，完成了全书文字的细化、润色和校对，并统筹安排了图书的宣发与推广。中国铁道博物馆东郊展馆的傅梅胜馆长和吴千副馆长在邀请铁道视界团队参与策展《述说中国高铁故事》专题展的过程中，为本书策划提供了宝贵思路，在此特别感谢。大连交通大学的安琪副教授对全书技术内容进行了全面审校。西南交通大学远程与继续教育学院（铁路机车司机培训考试中心）的时念中老师为本书提供了大量详实细致的文献资料。在取材过程中，中国国家铁路集团公司宣传部的罗传宝处长、张兆程先生和中国铁道科学研究院集团有限公司的杨锐先生都给予了极大的支持。北京动车段、上海动车段、广州动车段、武汉动车段、西安动车段、成都动车段、哈尔滨动车段、乌鲁木齐动车运用所、兰州西动车运用所和贵阳北动车运用所等单位为书中资料取材提供了热情的帮助。中国中车股份有限公司及其所辖中车长春轨道客车股份有限公司、中车青岛四方机车车辆股份有限公司、中车唐山机车车辆有限公司和中车株洲电力机车有限公司，都在图片取材和资料核实等方面提供了大量帮助。中车长春轨道客车股份有限公司和中车株洲电力机车有限公司还特为本书提供了部分资料图片。北京交通大学的曹源教授为本书取材提供了大量帮助，网友“贵广十标段”为书中《中国高速铁路网及枢纽示意图》提供了翔实资料和技术信息，在此一并感谢。最后，由衷感谢中国铁道出版社许士杰先生和他的团队为本书顺利出版所付出的巨大努力。

罗春晓

2022 年 8 月 8 日

注：
①本图技术信息截至2
②本图中不包含CJ系列
③运营动车组速度为当
④高速综合检测车速度

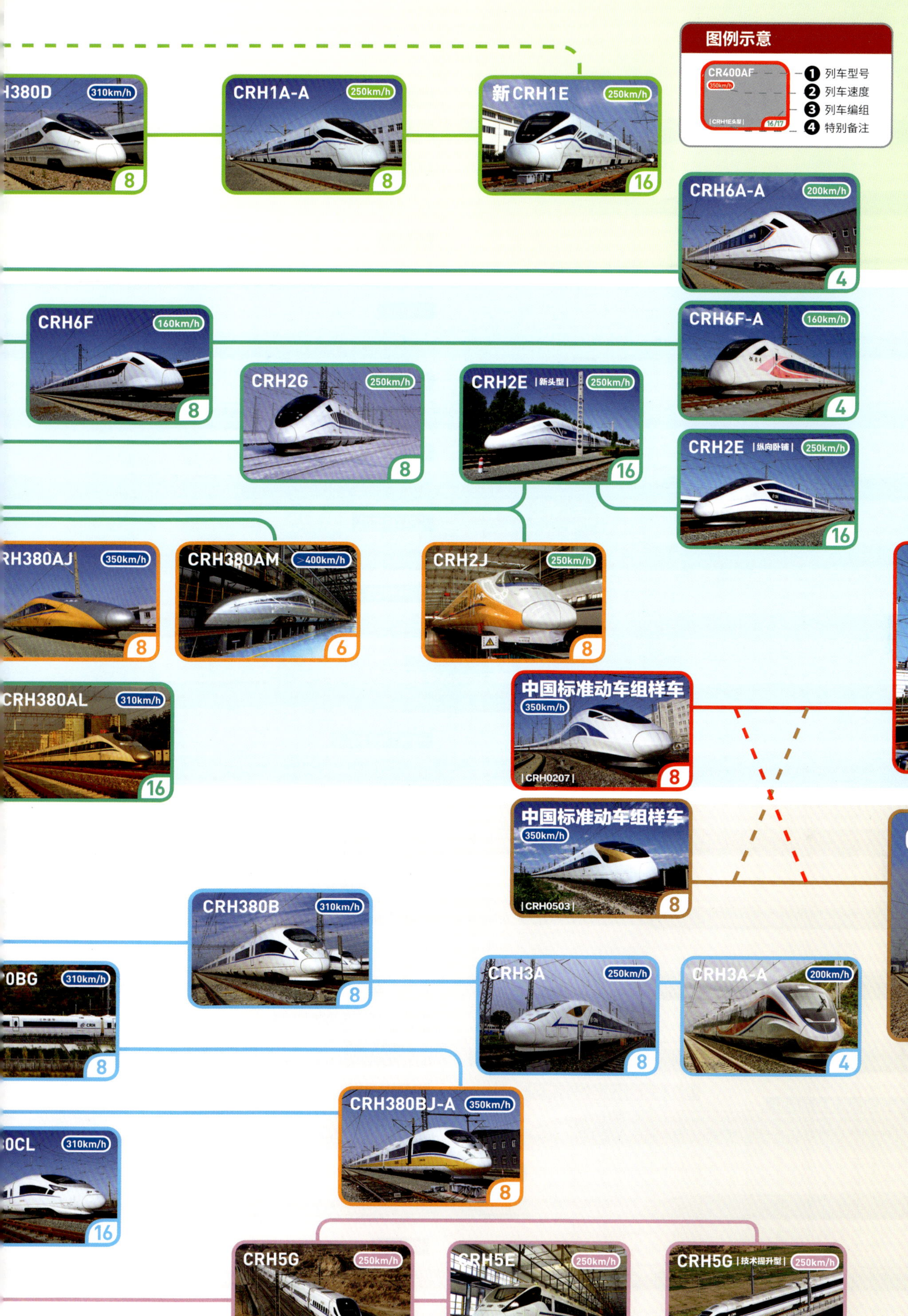

建设自主技术平台

2015 全面自主知识产权 打造中国技术标准

20

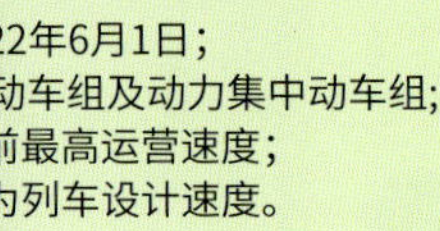
22年6月1日；
动车组及动力集中动车组；
前最高运营速度；
为列车设计速度。

R400BF-G 350km/h 8

CR400BF-BZ 350km/h 17

017 恢复时速350km
中国高铁再度引领

2020 智能动车组平台诞生
为世界提供中国智慧